基督教文化研究丛书

主编 何光沪 高师宁

初编 第 2 册

道在瓦器：裸露的公共广场上的呼告
——书评自选集

刘 平 著

花木兰文化出版社

国家图书馆出版品预行编目资料

道在瓦器：裸露的公共广场上的呼告——书评自选集／刘平 著

-- 初版 -- 新北市：花木兰文化出版社，2015〔民104〕

序 2+ 目 4+168 面；19×26 公分

（基督教文化研究丛书　初编　第 2 册）

ISBN 978-986-404-193-0（精装）

1. 宗教文学 2. 书评

240.8 104002081

ISBN-978-986-404-193-0

9 789864 041930

基督教文化研究丛书
初编　第 二 册

ISBN：978-986-404-193-0

道在瓦器：裸露的公共广场上的呼告
——书评自选集

作　　者	刘　平
主　　编	何光沪 高师宁
执行主编	张　欣
企　　划	北京师范大学基督宗教文艺研究中心
总 编 辑	杜洁祥
副总编辑	杨嘉乐
编　　辑	许郁翎
出　　版	花木兰文化出版社
社　　长	高小娟

联络地址　台湾235 新北市中和区中安街七二号十三楼
　　　　　电话：02-2923-1455 ／传真：02-2923-1452

网　　址　http://www.huamulan.tw 信箱 hml810518@gmail.com

印　　刷　普罗文化出版广告事业

初　　版　2015 年 3 月

定　　价　初编 15 册（精装）台币 28,000 元

道在瓦器:裸露的公共广场上的呼告
书评自选集

刘 平 著

作者简介

　　刘平，复旦大学哲学博士，曾在加拿大维真学院（Regent College）、香港浸会大学等地进修，美国加州大学贝克莱分校（UC at Berkeley）、美国协同神学院（Concordia Seminary at St. Louis）、英国牛津大学（Oxford University）、美国西敏神学院（Westminster Theological Seminary）、香港汉语基督教文化研究所等访问学者，现为复旦大学宗教学系副教授，主要研究领域为犹太教哲学、圣经学等，担任山东大学教育部犹太教与跨宗教中心（教育部重点人文社科基地）研究员、"当代西方圣经研究译丛"主编（合作）等。曾在《世界宗教研究》、《道风》、《维真学刊》、《犹太研究》、《世界宗教文化》等国内外学术刊物发表各类论译文、中英文50余篇，出版（合）译著10部、专著1部等。

提　　要

　　本书是有关汉语出版的犹太─基督教著作的书评集。所有书评以犹太─基督教与当下生活之间的关系为焦点，并通过史、典、论等三个层面将之呈现出来。本书认为作为史的基督教本身就在不断地证明基督教在历史中存在并通过历史而展现出自己的价值观、实践方式以及艺术方式。在历史中存在的基督教不仅在时空上表现出自己的丰富性，而且在本质上证明自己不仅仅与私人性的宗教救赎密切相关，而且主动参与到社会历史和文化之中。基督教的典即圣经被奉为正典，成为信仰和实践的标准与尺度，是一种已经并且继续活在社会生活中的经典，通过它自身提供的信仰与伦理实践对当代乃至后现代的社会生活发挥指导意义。犹太─基督教的论在一定程度上指向当下的现实问题和困境，是一种理论实践和思辨的统一。本书的目的藉着书评，在一个不断在公共空间中排斥宗教的（后）现代时代，为犹太──基督教所有呼、有所告，即这个以赤裸裸即无宗教为时尚的世俗主义时代需要救赎宗教即基督信仰。

序　言

　　撰写书评往往费力且不讨好。"费力"，是因为既然要撰写"书"评，就得对撰写的对象"书"有比较深入的了解和把握，这往往意味着要花费许多时间和精力阅读和理解著作的写作语境、思想脉络、主要内容以及与之相关的主要议题和著述。"不讨好"，则是因为书评既然是书"评"，就得作出自己的评判，而这种评判往往又褒贬参半——大概人世间没有哪一部著作曾经免于批判的。褒，当然令人欣悦；贬，则令人不快。"令人不快"就可能开罪了作者。在一个讲究凡事包容的包容主义时代，谁愿意无故得罪人呢？尽管笔者深知撰写书评是一件苦差事，不过，这个活还是成为笔者近十年来一个纯属个人性的小喜欢。

　　笔者之所以有这个小喜欢，倒不是因为心中有挑刺的癖好，而是出自于学术以及教学的需要。笔者在大陆公立高校语境中从事宗教学的研究与教学工作。根据自己廿年执教杏坛的经验，对于教学和研究，它们的共同基础或基本素养都离不开"史"、"典"、"论"等三个环节。就笔者的研究领域犹太－基督教与圣经而言，"史"即历史，包括古代以色列史、犹太教史、基督教史；"典"即经典，包括希伯来圣经、塔木德、基督教的圣经；"论"即哲学或神学，包括犹太－基督教中的神学或哲学思想和各种思想流派、名家名流。正是为了给自己的教研提供一些理论材料，笔者不仅自己翻译出版多种著述，也自己撰写与之相关或相近的书评，旨在与他人一起分享读书及其背后的那种思想上的乐趣：或因新知而怦然心动，或因旧知新论而会心一笑，或因不足而顿生遗憾。故此，本书将笔者近十多年撰写的部分书评分为上述三个部分。这既是为了出版编辑之需要，也是给自己的撰写书评工作提供一个提纲挈领式的概述，好给自己已经开始的思想旅程标上图标。

　　书评或阅读的领域虽有上述三个部分的划分，但是，实质上，笔者念念在兹的一个话题是"犹太－基督教与公共生活"。对于笔者而言，宗教，在本书语境中特别指称的是犹太－基督教，从来都不仅仅是山林中的面壁十年、孤灯清影，而且更为主要的是当下生活的一部分，是现实的真实或真实的现实。犹太－基督教与当下生活的关系也可以通过"史"、"典"、"论"等三个层面体现出来。就本书而言，作为"史"的基督教本身就在不断地证明基督教在历史中存在并通过历史而展现出自己的价值观、实践方式以及艺术方式，姑且不论基督教在整个世界历史之中如此，基督教在中国历史之中也未尝不是如此。"史"，总是一种过去的当下或现实的完成时。因此，基督教"史"都是一种公开、面向所有人、涉足所有生活领域的"史"。在历史中存在的"基督教"不仅在时空上表现出自己的丰富性，而且在本质上证明自己不仅仅与私人性的宗教救赎密切相关，而且主动参与到社会历史和文化之中。基督教的"典"——圣经——被奉为正典，成为信仰和实践的标准与尺度。基督教的"典"，无论对教内人士，还是对教外人士，都绝对不是一种故纸堆，而是一种已经并且继续活在社会生活中的经典，通过它自身提供的信仰与伦理实践对当代乃至后现代的社会生活发挥着指导意义。犹太－基督教的"论"固然与纯粹的理论思辨相关，但是也是关乎现实的"论"。所以，犹太－基督教的"论"总是在一定程度上指向当下的现实问题和困境，而且这种"当下"和"现实"又总是并不局限于宗教内部，而总是并一直是越过宗教自身指向宗教之外的领域。新教对入世/出世之争如此，犹太教的奥斯威辛悲剧更是如此。所以，犹太－基督教的"论"不仅仅是"坐而论道"，也是"行而证道"，或者说，"论"本身就是一种理论实践和思辨的统一。在这种意义上，本书的目的就是笔者自己希望：藉着书评，在一个不断在公共空间中排斥宗教的（后）现代时代，为犹太－基督教所有呼、有所告——这个以赤裸裸即无宗教为时尚的世俗主义时代需要宗教，而且这种宗教并不是人类始祖遮羞的无花果树叶子，而是伊甸园中耶和华神亲自为人制作的"皮子"宗教（参见创世记第 3 章），即牺牲自己的羔羊来为人遮罪的信仰。

的确，真正的阅读是一种"悦"读，即作为读者的我在与作者的思想对话与交流中生发出许多乐趣：或心领神会，或拍案叫绝，或摇头遗憾，或若有所失。这都是人生中不可多得的雅趣。愿我的雅趣与诸位读者有所应和！

2013 年 9 月 2 日于上海寓所

致　谢

本书中的部分内容已经出版，谨在此向原出版机构同意使用原载于它们刊物或书籍上的文章表达谢意。本书中已出版的部分包括：

第一章原刊于《基督教学术》第三辑（上海：上海古籍出版社），原题目为：《弥补总体上"失败"的第一流基督教会史——布鲁斯·L.雪莱〈基督教会史〉述评》，2005 年 7 月。

第二章原刊于《道风：基督教文化评论》（香港）总第 21 期，原题目为：《阅读凝固的信仰生活——评顾卫民〈基督宗教艺术在华发展史（唐元明清时期）〉》，2004 年秋。

第三章原刊于《无语问上帝》（北京：新世界出版社），原题目为：《苦难的奥秘：非道远人，乃人远道——评杨腓力的〈无语问上帝〉》，2009 年。

第四章原刊于《天路客的行囊》（南京：南京大学出版社），原题目为：《古诗新韵：上行之诗及其后现代意义》，2009 年。

第八章原刊于《天主教研究论辑》第 2 辑（北京：宗教文化出版社），原题目为《从二律背反转向永恒的你——关于布伯〈神蚀〉的评论》，2005 年。

第十章原刊于《谁需要神学》（上海：同济大学出版社），原题目为《译者后记》，2012 年。

第十二章原刊于《文汇读书周报》（2011 年 4 月 8 日），原题目为《花落留香——〈基督教大辞典〉述评》。

第十三章原刊于《基督教思想评论》第十三辑（上海：上海人民出版社），原题目为：《（后）现代"属世"的纠结与解结——简评纪克之的〈现代世界之道〉》，2011 年 8 月。

第十四章原刊于《基督教思想评论》第二辑（上海：上海人民出版社），原题目为：《"从他们的眼睛看世界"——评〈在华盛顿代表上帝——宗教游说在美国政体中的作用〉》，2005 年 8 月。

目次

序　言

志　谢

第一编　历史与艺术中的基督教 ················· 1

　第一章　弥补总体上"失败"的第一流基督教
　　　　　会通史——布鲁斯·L.雪莱《基督教
　　　　　会史》述评 ····························· 3

　　一、"为了人民的历史学家" ··········· 4

　　二、历史健忘症、基督徒身份危机与书写
　　　　教会史 ······························· 7

　　三、弥补总体上"失败"的第一流基督教
　　　　会通史之特色 ····················· 12

　　四、弥补总体上"失败"的第一流基督教
　　　　会通史之内容 ····················· 14

　　五、教会史及其延续之动力 ········· 20

　第二章　读写凝固的信仰生活——评顾卫民著
　　　　　《基督宗教艺术在华发展史（唐元明
　　　　　清时期）》 ························· 23

一、读写凝固的信仰生活 ⋯⋯⋯⋯⋯ 24

二、基督宗教艺术与本色化：以景教碑为例 ⋯ 32

三、第一座高峰的"阴影"与"空场" ⋯⋯⋯ 34

第二编 圣经正典与社会人生 ⋯⋯⋯⋯ 37

第三章 苦难的奥秘：非道远人，乃人远道
——简评杨腓力的《无语问上帝》 ⋯ 39

一、投向上帝的手榴弹 ⋯⋯⋯⋯⋯⋯ 40

二、对上帝绝望 ⋯⋯⋯⋯⋯⋯⋯⋯ 41

三、圣经与苦难 ⋯⋯⋯⋯⋯⋯⋯⋯ 42

四、上帝的自隐与公义 ⋯⋯⋯⋯⋯⋯ 42

五、双重角度看苦难 ⋯⋯⋯⋯⋯⋯⋯ 45

第四章 古诗新韵：上行之诗及其后现代意义
——评《天路客的行囊》 ⋯⋯⋯ 47

一、古诗集：上行之诗 ⋯⋯⋯⋯⋯⋯ 48

二、后现代处境 ⋯⋯⋯⋯⋯⋯⋯⋯ 50

三、"凡尘中的旷野修士" ⋯⋯⋯⋯⋯ 52

四、古诗新韵 ⋯⋯⋯⋯⋯⋯⋯⋯⋯ 57

第五章 丛林法则中的做人之道：以信心活出
完美——尤金·H.毕德生的《与马同
跑》评述 ⋯⋯⋯⋯⋯⋯⋯⋯⋯ 61

一、在我们的（后）现代时代，"先知死
了" ⋯⋯⋯⋯⋯⋯⋯⋯⋯⋯⋯ 62

二、"与马同跑"题解：丛林法则下的约
伯式难题 ⋯⋯⋯⋯⋯⋯⋯⋯⋯ 63

三、耶利米的做人之道：以信心活出完美 ⋯ 65

第六章 拜师学艺——简评《祷告的学校》 ⋯ 67

一、既简又难的祷告艺术 ⋯⋯⋯⋯⋯ 68

二、圣经中的第一份祷告记录 ⋯⋯⋯⋯ 69

三、拜师学艺 ⋯⋯⋯⋯⋯⋯⋯⋯⋯ 69

第三编 犹太－基督教神学与公共生活 ⋯⋯ 71

第七章 后奥斯维辛时代信仰生活是否可能？
——马丁·布伯《我与你》简论 ⋯ 73

　　　一、布伯生平：横跨两希文明 ················· 75

　　　二、相遇：我—你关系和之间 ················· 79

　　　三、神蚀：后奥斯维辛时代犹太生活是否
　　　　　可能 ···································· 85

第八章　从二律背反转向永恒的你——关于布
　　　　伯《神蚀：宗教和哲学关系研究》的
　　　　评论 ······································ 89

　　　一、布伯思想的要点：关系 ················· 90

　　　二、神蚀学说 ···························· 93

　　　三、从二律背反走向二律合一 ··············· 99

第九章　大屠杀、历史记忆与《罗兹挽歌》···· 101

　　　一、罗兹隔都 ···························· 102

　　　二、对民族苦难的历史记忆 ················· 102

　　　三、罗兹挽歌与人学悲剧 ··················· 104

　　　四、对大屠杀的记忆与消费 ················· 105

　　　五、瑕不掩瑜的精品译作 ··················· 107

第十章　汉语需要神学：神学学与学神学——
　　　　《谁需要神学》引论 ················· 109

　　　一、末世需要神学学 ······················ 110

　　　二、汉语需要学神学 ······················ 111

　　　三、健全的基督教神学 ···················· 112

第十一章　袖珍神学小百科——《简明神学》
　　　　　简评 ······························ 113

　　　一、维真橡树 ···························· 114

　　　二、巴刻：当代改革宗大纛 ················· 114

　　　三、以小见大的典范 ······················ 115

第十二章　花落留香——《基督教大辞典》述
　　　　　评 ·································· 117

　　　一、被遗忘是对花匠的赞美 ················· 118

　　　二、花落留香 ···························· 118

第十三章　（后）现代“属世”的纠结与解
　　　　　结——评纪克之的《现代世界之道》
　　　　　··· 121

一、属世／分别为圣的纠结 …………………… 122

二、解结：属世的真相 …………………………… 122

三、当代基督教的属世性批判 …………………… 124

四、当代中国基督教与属世无关？ …………… 126

第十四章 "从他们的眼睛看世界"——评
　　　　《在华盛顿代表上帝——宗教游说
　　　　在美国政体中的作用》 ……………… 127

一、"从他们的眼睛看世界" …………………… 128

二、游说活动爆炸以及宗教游说与国会关
　　系之研究 …………………………………… 131

三、宗教游说团体与奥尔森式两难难题 ……… 137

四、宗教动员与裸露的公共广场 ……………… 138

五、宗教游说团体：迈克尔斯的寡头铁律
　　不可避免？ ………………………………… 139

六、美国例外论的遗产：宗教的行动主义
　　和多元主义 ………………………………… 140

七、过时论、疲软论批判与三角互动关系 …… 143

八、皮特金代表权理论及其溢出 ……………… 145

九、几点批评 …………………………………… 149

第十五章 "即使不和改革派站一边，照样可以
　　　　相信改革啊"——简评历史悬疑小
　　　　说《天文学家》 …………………………… 153

一、思想史与悬疑小说 ………………………… 154

二、悬疑小说解答范式转移 …………………… 155

三、被小说误说的神学 ………………………… 157

四、译文商榷 …………………………………… 158

第十六章 道在瓦器：裸露的公共广场上的牧
　　　　谷呼告——简评杨牧谷《从基本到
　　　　超凡：论信仰与做人》 ………………… 161

一、牧谷三栖 …………………………………… 162

二、牧谷呼告：破除公私二分禁忌 …………… 163

三、牧谷的眼高手低 …………………………… 164

四、道在瓦器 …………………………………… 166

第一编　历史与艺术中的基督教

第一章　弥补总体上"失败"的第一流基督教会通史——布鲁斯·L.雪莱《基督教会史》述评

（美）布鲁斯·L.雪莱（Bruce Leon Shelley）：《基督教会史》（*Church History in Plain Language*），刘平译，北京：北京大学出版社，2004 年。

（美）布鲁斯·L.雪莱：《基督教会史》（第三版），刘平译，上海：上海人民出版社，2012 年。

一、"为了人民的历史学家"

布鲁斯·列昂·雪莱（Bruce Leon Shelley，1927－2010 年）于 2010 年 2 月 22 日星期六去世。斯人已逝，德艺长存。《今日基督教》在发布的悼词中赞誉他是"为了人民的历史学家"[1]。至今（2014 年），他的《基督教会史》一书的中译本已经在中国大陆面世十载，多次印刷，颇受学界和教会界的欢迎，堪称他对中国学界和教会界不经意中作出的一份贡献。2012 年，由上海人民出版社再版该书第三版的中译本，可以称得上是汉语基督教史研究献给他的一份纪念了，也是他的"为了人民的历史学家"称号的一个佐证——他既为了人民写作，也深得人民喜爱，这其中当然包括全球人口数量最多的中国人民了。所以，笔者认为雪莱教授也是一位"为了中国人民的历史学家"。

---

1 司各特·魏尼格（Scott Wenig）：《布鲁斯·雪莱：为了人民的历史学家》（Bruce Shelley: A Historian for the People）。载于"今日基督教"网站：http://www.christianitytoday.com/ch/thepastinthepresent/historymatters/bruceshelleyhistorian.

　　雪莱教授先后毕业于美国的富勒神学院（Fuller Theological Seminary）和爱荷华大学（University of Iowa），分别获得道学硕士学位和哲学博士学位。他自 1957 年始在由美国的保守派浸信协会（Conservative Baptist Association）创办的一家福音派神学院——丹佛神学院（Denver Seminary）工作，直至去世，前后执鞭教坛达半个多世纪之久，曾为该校教会史和历史神学高级教授，同时担任《基督教史和遗产》（*Christian History and Heritage*）的编辑顾问董事会成员。雪莱教授对教会史和历史神学方面的研究颇具独到见解，著述颇丰，一生撰写或编辑著作达三十多部，另外还在杂志和辞典上发表有大量论文或词条。雪莱教授的代表作主要有：《教会：神的子民》（*The Church: God's People*），《美国的福音派》（*Evangelicalism in America*），《十架和烈焰》（*The Cross and the Flame*），《众圣敬汝》（*All the Saints Adore Thee*），《福音与美国梦》（*The Gospel and The American Dream*），《普罗大众的神学：理解生命的要旨》（*Theology of Ordinary People: What You Should Know to Make Sense Out of Life*），《简明基督教神学》（*Christian Theology in Plain Language*），《为什么施洗？》（*Why Baptism?*），《保守派浸信会历史》（*A History of Conservative Baptists*），《浸信会的信仰》（*What Baptists Believe*），《呼唤基督徒的品格：发现圣经中的虔敬思想》（*A Call to Christian Character: Toward a Recovery of Biblical Piety*），《教会的本质：圣经论神的子民》（*What Is The Church?: What the Bible Teaches About the People of God of...*），《全人基督徒的四个标记》（*Four Marks of a Total Christian*），《消费者教会：在不失丧灵魂的情况下，福音派能胜过这个世界吗？》（*The Consumer Church: Can Evangelicals Win the World Without Losing Their Souls*），《保守派浸信会：二十世纪持异议的史话》（*Conservative Baptists: a Story of 20th Century Dissent*），《基督教会史》（*Church History in Plain Language*）[2]等。此外，雪莱教授曾参与编辑《美国基督教辞典》（*Dictionary of Christianity in America*）等一类学术工具书的工作。其中的《基督教会史》一书是其廿年传授和研究基督教会史的心血结晶。该书的英文原著初版于 1982 年，1995 年再版，2008 年出第三版[3]，至今已经印刷二十

2　Bruce Leon Shelley: *Church History in Plain Language*（Nashville: Thomas Nelson Publishers, 1982, 1995, 2008）。该书第二版的汉译本于 2004 年由北京大学出版社出版。根据英文书名，其汉译名应当是《语言简明的基督教史》，出于"简明"之便，汉译本的书名"简化"为《基督教会史》。

3　（Nashville, Dallas, Mexico City, Rio De Janeiro, Beijing:Thomas Nelson, 2008）。

多次，总发行量高达 315,000 册之多[4]。另外，亚当·魏内尔（Adam Verner）已经制作该书的英文语音朗读版，成为该书的第四版。[5]由此可见，该书的影响之深远是不言而喻的了。这也是他著述中影响最大、最广的一本。所以，人们往往会称呼他为"《基督教会史》的雪莱教授"：他以一生心血打磨此书，此书也反过来给他带来当得的声誉。

《基督教会史》一书将两千年往往成为凝固而枯燥无味的故纸堆的教会史，经过他的妙笔生花，生动活泼地展现在广大读者面前，凭借其笔下的史诗故事，成为许多非信徒、平信徒和教会领袖了解教会史的首选书籍之一，现已成为美国以及不少其他国家许多大学、神学院采用的标准教材。在 1995年第二版的《基督教会史》中，雪莱教授补充了一些新材料，着重探讨了当代基督教会新出现的现象，其中主要包括美国的宗教右翼运动（Religious Right）、超大教会或巨无霸教会（Megachurch）、为会众着想的崇拜侍奉以及在这些运动背后一些杰出人物的作用等；同时，雪莱教授还关注美国日益世俗化的处境，探讨了大众媒体对世界范围内的福音交往活动的影响以及原先封闭的社会现在面向福音见证开放所带来的崭新气象。2008 年的第三版是此书的封笔之作。新版本吸纳最新的基督教史研究资料，关注当代基督教史的重大议题，将读者的视角带入到二十一世纪，为我们了解二十一世纪初全世界范围内的基督教发展提供了新的资料和解读：新教，特别是中国的家庭教会（house church）[6]在中国快速发展，伊斯兰教开始进一步兴起，罗马天主教在全球复兴，而基督教在欧美在进一步衰落的同时，福音派（Evangelicalism）和灵恩派（Pentecostalism）在东半球和南半球获得长足发展。[7]三个版本的《基督教会史》既延展着历史奔腾不息的脉络，也体现出作者能够以教会史家的态度与历史保持着一种贴近的思考，为专业以及非专业的读者提供迫切需要而独到的解答。

---

4 该印刷数字引自 https://www.brillianceaudio.com/product?i=8493。
5 同上。
6 在汉语语境中，"基督教"一词有狭义与广义之分，前者指"新教"，后者指包括新教在内的所有信奉耶稣基督为救主的宗派，诸如罗马天主教以及东正教等。在本书语境中，"新教"一词指称汉语狭义上的"基督教"，"基督教"则取其广义，本书除了在第二章为了行文方便使用"基督宗教"指称广义上的"基督教"之外，均取此意。另本书中将"上帝"与"神"等同使用。下同，不另注。
7 即为本书第三版的第 49 章，出于多种原因，中文译本在大陆出版时没有将之增补进来。

二、历史健忘症、基督徒身份危机与书写教会史

雪莱教授自述他为神学院一年级新生授课近廿年之后，总结出如下结论：进入传道侍奉的大学毕业生和每年读五本书的工程师或推销员属于同一个阅读群体。[8]因此，雪莱教授在授业解惑、爬梳材料近二十个春秋之后撰写此书，其目的就是为包括准备做传道人在内的"普通读者"了解基督教会史提供便利。所以，此书所面对的是一个对基督教会史一无所知但愿意了解的读者。这种阅读对象的定位实际上决定了该书的写作风格、选材和体裁（本章的第三部分将有专论）。

雪莱教授近廿年的观察以及从中总结出的结论切中了当前基督教界（包括基督教会界以及基督教学术研究界）普遍存在的流弊：遗忘基督教自身的历史。基督教自诞生至今已有两千多年的历史，现今至少在名义上是全球三分之一人口的信仰。它首先在偏僻的罗马治下的犹大省中的一些渔民、税吏等下层民众中传播，如今已传遍全世界，成为三大世界性宗教信仰中人数最多者。但是，从基督教的教育、理论研究和实践来看，遗忘教会史似乎成为另外一种与之对称的"普世"现象。

就基督教教育来说，现代性的要素之一政教分离运动及其原则将宗教从公共教育中分离出来，宗教教育成为宗教自身的"私人"事务。但是，即使是隶属于诸多宗派的"基督教教育"也几乎无助于教友们对其公开宣告的信仰有成熟和精深的理解。因此，今天的基督徒时常把正统信经与严重错误相混淆，对现今出现的各种偏离正统的教派与思想缺乏基本的判断与辨别，甚或将一些异教实践视为基督教的行为来为之辩护，这种非正常的吊诡现象也就不会让人觉得惊讶了。

就基督教理论研究来说，虽然从各个层面（诸如神学、社会学、人类学、哲学、历史、比较宗教学、宣教学、灵修学、文学等）介绍、研究、传布基督教的著作，不论在基督教会界，还是在基督教研究学术界，都极其丰富。但是，今天在基督教研究方面最为突出的一个问题表现为"在公开宣告信仰的人中认真研究该宗教史的人实在屈指可数"[9]。这个问题一方面表明基督教史研究者与庞大的基督教信仰人数形成鲜明的反差，另一方面，这也与当今

---

8 布鲁斯·L.雪莱：《基督教会史》（第三版），刘平译，"前言"，上海：上海人民出版社，2012年，第2页。
9 同上，第496页。

全球化时代人际交往的普遍化这一大历史趋势不相适应。如果说在前现代，一种宗教信仰的信徒少有机会遇见另一宗教信仰的信徒，因此很少有必要和场合要求信徒反对敌信仰者的批评并为自己的宗教信仰辩护，那么，在当代至少因为便捷的交通和互联网络我们这个星球已成为地球村的时代，正如作者所言的，"再也没有任何正当理由可以为基督徒的无知辩解了"[10]。

就基督教实践来说，上述问题在今天集中表现为许多基督徒患有历史健忘症：使徒时代与今日之间的时光存在着一片巨大而广阔的空场。这就需要基督徒们用记忆将两者之间连接起来。但是，这种空场现今正是基督徒记忆空白的一种写照和事实。这种历史健忘症在理论上至少带来两个方面的后果。其一，人认识神的途径有四个层面，即圣经（Bible）、历史（history）或传统（tradition）、理性（reason 或 rationality）和经验或体验（experience）。忽略历史意味着空缺出认识神的一个视角，从而对神的认识就不是全面的。其二，健忘历史背弃了圣经教诲。一方面，圣经在历史之中被人理解和领会，这要求人们不可以忽视历史视角在认识神的真理过程中的价值；另一方面，圣经本身要求人们不可以忽视历史，实际上，神在历史中展示启示和救赎的恩典。譬如，旧约中有多处经文提醒人们神关注时间或历史。当神为以色列子民设立逾越节时，他说："你要告诉你的儿子说……这要在你手上作记号……耶和华用大能的手将我们从埃及领出来"（出埃及记 13：8，16[11]）。当神在旷野为以色列人预备吗哪时，他吩咐拿出一个罐子，"留到世世代代"（出埃及记16：33）。在当代基督教会的宣教实践之中，对基督教史的无知的直接结果就是，一方面，有些信徒难以抵抗偶像膜拜者的诱惑，将对基督教信仰的歪曲视为货真价实的正道，另一方面，有些基督徒在灵性上故步自封，骄傲自大，视自己的信仰方式为最佳的，并竭力为此辩护，自认为自己的群体凌驾于他人之上。[12]这种被同化和固步自封的极端化表现现今并不是不常见的。最为要紧的是，这两种极端都自诩自己信仰纯正和端正。

就笔者的研究而言，形成上述基督徒历史健忘症的原因还包括：后现代主义社会与文化解构一切传统与历史，基督徒也难以免于这种解构的挑战，甚至难以便于被这种解构所同化；基督徒本身出于各种原因（世俗主义；消

---

10 同上。

11 本书所引用圣经译本，除了特别注明引自"新译本"之外，均引自"和合本"。

12 布鲁斯·L.雪莱：《基督教会史》（第三版），同上，"第二版序言"，第1页。

费主义、反智主义等）对基督教历史并无特别的兴趣；全球基督教会已经发展到一个新的全球化历史阶段，需要我们认真对待教会历史，不论是世界教会史，还是地区或国别教会史，但是，大多数基督徒对此认识严重不足，实际上既不关心本地区或本国家的基督教历史，更对世界范围内的基督教历史的兴趣不大。

基督徒的历史健忘症在根本上表明基督徒对基督教历史观或历史神学缺乏明确的认识和把握。基督教的历史观与其他各种历史观不同的独特之处在于，它将耶稣基督作为世界以及人类历史的中心。这种以基督为中心的历史又以两大基督事件为焦点：基督第一次来临救赎他的子民；基督第二次来临接纳他的子民、审判世界，在新天新地中永远作王。由此，整个**人类历史**分为两个阶段：基督第一次来临之前的时期，即从创世到巴比伦被掳归回的旧约时代，为基督实体的影子时代，为期盼基督来临的时代，是藉着应许和仪式、律法期盼基督来临的时代；基督第一次来临直至基督第二次来临时代，是期盼基督第二次来临的时代，也是部分反射出神的全部应许得蒙实现的时代，而基督第二次来临时，神对人类以及世界的一切应许将完全实现。从这种视角来看，人类历史发展的线索就是一部救赎历史，可以分为三个环节：启示，世界历史由神所创造，人类历史发端于伊甸园，但是因为第一亚当可怕的堕落，世界暂时被败坏，但是此被败坏的世界最终终结，并被新天新地所更新；完成，旧约已经预表受造世界会蒙神的恩典而修复，在第二亚当耶稣基督的事工中完成；运用，神最后并最终将恢复受造世界运用到新天新地中。上述基督教历史观清楚地说明，人类的历史，乃至整个世界的历史，都与神以及蒙神拣选的基督徒密切相关，根本不存在与神与基督徒无关的历史。

基督徒的历史健忘症并不是一种轻微的病症，即对历史知识的了解比较贫弱，而是涉及到"基督徒身份"的大问题。基督徒身份要回答的问题是："在神的面前，我是谁？"——我是一个罪人，蒙恩成为神的儿女、义人和圣徒。基督徒身份与过去历史（上的耶稣基督）、现在（的称义与成圣）与未来（的复活与永生）存在着不可分割的联系。基督徒身份与历史的关系还特别体现在，生活在历史中的基督徒与神在历史中所拣选的历世历代的圣徒相通。当代基督徒的身份意识与神在历史中展开的救赎历史密不可分，实际上其本身也是救赎历史的一个环节。所以，基督徒身份不仅仅与个人历史相关，也与整个救赎历史相关。正如上文所言，神是在历史开展自己的救赎计划。这就意味着基督徒的信仰与生活与整个神所创造、护理的历史相关切。而遗忘基督教历史的基督徒无疑会对自己的身份模糊不清：不知道神所参与的过去、现在和未来的历史与我们个人自身的生命存在着内在的关联性。所以，对基督教历史无知的基督徒所导致的信仰结果就是，他或她认为神在拣选个人成为信徒的瞬间发挥作用，此后神似乎就与个人以及个人身处其中的社会历史无关了。这是一种化了妆的自然神论（Deism）思想。

中国人常说要"以史鉴今"，对于基督教会史亦复如是。了解基督教会的过去不仅仅能够让基督徒认清自己的身份，而且可以补足认识论上的缺陷，在灵性生命上会使人学会谦卑，在宣教实践上会在注重多元信仰处境之同时采取有效的宣教策略。由此可见，了解基督教会史就不仅仅具有帮助基督徒认清自己的身份的功效，还具有提供背景知识、辨别是非、陶造灵命以及宣讲真理的作用。了解基督教会史也成为人们认识、了解基督教会的地平线，即对当下的宗教生活发挥重要的参考作用，简言之，有助于借鉴历史，辨别异端，加强诸宗教之间的对话，求同存异，消除误解带来的矛盾和冲突，从而在认识基督教会史上业已发生的瞬间中寻求与永恒相遇，在鉴别和审视时尚之同时坚持基要原理。

正是出于为健忘的普通读者补课这一动机，雪莱教授撰写了这本语言生动活泼、结构清晰、材料丰富、历史跨度大的教材，以期（1）从基督教信仰的立场客观而明晰地呈现两千年的基督教会史，找到其中曲折发展的内在源泉，从而在世俗化和全球化这一充满悖论的时代为基督教信仰提供历史见证，（2）并进一步为每一位普通读者全面接近、了解、记忆基督教会史提供便捷的法门。纵观全书以及影响来说，雪莱教授的双重目的完全达到了，因为该书自 1982 年首版后一举成为不同背景的人手中一本非常有价值的书。[13]

虽然说当代从基督教信仰的立场研究和撰写基督教会史的人数和著作无法和信仰人数相比较，但这并非意味着当代研究基督教会史方面的学者和著作阙如。事实上，已经出版的这方面的著作各具特色，例如：马丁·E.马蒂（Martin E. Marty）的《基督教简史》（*A Short History of Christianity*）从使徒信经开始记叙，其主题发展极其均衡；犹斯托·冈察雷斯（Justo Gonzalez）的《基督教史话》（*Story of Christianity*）以收录非西方国家教会发展史为特

---

13 同上，第 1 页。

色；腓利·莎夫（Phillip Schaff）的《基督教史》（*History of Christianity*）被誉为十九世纪末欧洲人的智慧集锦；威利斯顿·沃尔克（Williston Walker）著、新编的《基督教会史》（*A History of the Christian Church*）[14]在有关文化方面有着比较扎实的见地，已经成为基督教会史研究的经典之作；罗兰·拜因顿（Roland Bainton）的《基督教史纵横谈》（*Horizon History of Christianity*）以散文体见长；在其他基本同类的书籍当中，有约翰·麦克曼勒斯（John McManners）编辑的《牛津基督教史（插图本）》（*Oxford Illustrated History of Christianity*）[15]，该书的彩图非常精美，汉语基督教界可与之媲美的是《基督教两千年史：自第一世纪至当代》[16]。

任何对教会史稍有了解的人都知道，没有人可能编／著出一本百分之百令人满意的教材或著作。无论一本书的篇幅会有多长，它都不足以囊括纵横两千多年的基督教历史上的所有事件、人物、运动等等。无论作者（或作者群）如何竭尽所能，总有些年代、人物、历史事项、教制教职、教派机构和组织、难题和最紧要的争议不得不被略去，这种选择上的偏见必然造成结论上的偏差，再加上每一部作品都要受到历史处境以及历史中的作者处境的局限，正如为《基督教会史》一书作序的美国惠顿学院（Wheaton College）的马克·A.诺尔（Mark A. Noll）博士所言，"一旦认清了任何一本书都无法涵盖整个教会史这一事实，不同作者（或作者群）的努力便都会得到认可，他们在某方面的成功弥补了总体上的失败"[17]。在这种意义上，从雪莱教授《基督教会史》一书的内容、结构以及实际影响来看，它可称得上是第一流的基督教会史著作，尽管高高矗立的"第一流"著作自身就设定了自身的阴影，但其最大的价值在于弥补基督教会史研究总体上的"失败"。因此，对待《基督教会史》的客观科学的态度是将其放在诸种教会史文本中相互参照，吸收

14 中文版参阅威利斯顿·沃尔克：《基督教会史》，北京：中国社会科学出版社，1991年，孙善岭、段琦、朱代强译，朱代强校。华尔克：《基督教会史》，谢受灵原译，赵毅之修译，香港：基督教文艺出版社，1976年。

15 约翰·麦克曼勒斯：《牛津基督教史（插图本）》，张景龙、沙辰等译，贵州：贵州人民出版社，1995年。

16 这里列举的是陶理主编：《基督教二千年史：自第一世纪至当代》，香港、台湾：海天书楼，1997年11月初版，1998年7月2版，2001年3月3版。该图文并茂的著作被誉为"百年来第一部讲基督教历史的中文巨著"。该书虽然为翻译著作，但是译者和编者有意新增加入有关中国基督教史方面的内容，既起到补充材料之作用，也切合汉语读者之需。

17 布鲁斯·L.雪莱：《基督教会史》（第三版），同上，"第二版序言"，第2页。

彼此之长，互补彼此之短，以获得对纷繁复杂、多姿多彩的基督教会史有个不断接近（如果最终可能会有的话）整体的认识。但是，雪莱的《基督教会史》依然是我们入门的优秀向导。

三、弥补总体上"失败"的第一流基督教会通史之特色

雪莱教授的《基督教会史》自出版以来就一直在第一流基督教会通史"失败"作品录中享有受人尊重的地位。这大概出于该书读者定位清楚，在写作上具有如下七个方面的优点。

（1）亲切清晰，文如其人。该书亲切的文风和清晰的表述不仅成为作者本人的个性特征，也成为他个人宣告基督信息的特色。这一点在书中的每一章都可见到。这一行文特点印证了作者的写作意图：为了且面向普罗大众写作基督教会史。

（2）褒贬适当。雪莱教授眼中的历史人物和历史事件也有"友""敌"之别。他在该书中，对历史上的人物和事件的褒奖和谴责都适可而止，没有以敌／友截然对立的冷战式思维来下判断。例如，在对颇有争议的隐修制（Monasticism）的评述中，雪莱教授中肯地认为"在注意到隐修制中有害的东西时，我们切不可低估修士们在欧洲历史上一段艰难岁月中在传布和发展基督教和文明方面所作出的巨大贡献。"[18]

（3）图表运用适当。该书大量采用了各种图表。这些图表形象地勾勒出基督教信仰史上最重要的发展阶段以及诸阶段发生的重要事项，其中诺斯替主义或灵知主义（Gnosticism）思想概述图表（中文版第53页）、早期教会正典图表（中文版第66页）以及按时间排序的十七、十八世纪主要教会关系表（中文版第246页）等都以直观的方式再现了各种难题的内在逻辑结构。这种化繁就简的做法有助于普通读者接近、记忆和把握基督教会史上的重要且纷繁复杂的典籍、流派以及宗派等问题。

（4）结构简洁，便于阅读。这种简洁的风格突出体现了该书英文书名中出现的"简明"一词，可以说"简明"贯穿于整本著作，使复杂的事件得以清楚地呈现出来。该书按照重要的历史事件将"基督教会史"这个主题划分为八个主要历史阶段即"时代"[19]。在每一个时代，作者注意捕捉过去的残韵

---

18 同上，第123页。

19 在第四版中，还另外有第九部分"全球扩展与重整时代"（The Age of Global Expansion and Relocation）。

和未来的雏形。因此，该书对教会史的叙述在时间结构上清晰明了，读者能够轻松地捕捉到发生在时间长河中的历史事件的内在因果链条。雪莱教授为了让读者能够宏观地了解基督教会故事的概要，还在各主要阶段的标题所在页上附加上简明的梗概以及时间—人物—事件图表。该书每个阶段或时代构成一个部分，每个部分划分为数章，每章只涉及一个主题。在每一章的简介之后，读者非常容易找到以问题形式出现的主题。每一章的简介通常都取自那一时代真实发生的奇闻佚事。每章都能独立成篇，几乎像百科全书关于某一主题的词条一样，读者可以单独阅读。

（5）雅俗共赏。在注重简洁和通俗的同时，该书针对愿意深入探讨基督教会史的学生和学者提出深入学习的建议，每章之后都附录有"建议阅读书目"，有助于研究者深入探讨。在英文第三版中，作者与时俱进，更新每章之后附录的"建议阅读书目"。最新书目截止到2005年，距离雪莱教授去世仅仅五年。由此可见作者的学风如何严谨和端正。此外，每章中的关键部分都加上注释，有助于研究者追溯线索，深化研究。该书表面上以通俗面对读者，似乎不合乎学术规范，有"讲故事"的嫌疑。事实上，作者是在大量阅读、剪裁已有材料的基础之上撰写每个章节的。这一点可以从每章后附录的"建议阅读书目"以及书末主要引文注释中看到作者的学术功夫和功底。

（6）史论结合。该书采用了大量的传记材料，并将思想观点与具体人物结合起来。这种将论点糅合入生动的历史人物的活动之中的做法有助于提高读者与历史和思想进行交流的兴趣，正如作者所相信的，"大多数的读者更愿意与其他人而非观点进行交流"[20]。

（7）覆盖全面。由于对"什么是教会？"这个问题有着不同的回答，学者撰写的教会史也必然呈现出不同的"教会"观。教会史学家常为"教会是一种运动还是一种制度？"[21]这个非此即彼的问题所困扰。雪莱教授的教会观则采取两者兼具的包容立场。因此，该书既记述传教扩张的过程、结果和影响，又将教宗政治方面的内容囊括在内。该书没有严格地界定"教会"，这种界定上的模糊策略首先出于作者的神学立场。作者相信历世历代的神的子民都生活在理想——圣徒的普世相通，以及具体状态——特定的子民生活在特定时间和空间，所形成的张力之中，教会的使命不时地号召建立各种制度：

---

20 同上，"前言"，第2页。
21 同上。

特定的规章，特定的领袖，特定的地点。[22]而当各种制度本身阻碍而非推动福传时，复兴运动继而兴起，试图恢复教会存在于世的根本使命。该书生动地表明了这样的周而复始通常是如何发生的。另一方面，这种模糊策略也体现了作者所坚持的"教会"自身所蕴涵的"大公"或"普世"精神。该书不仅述介广义上的基督教三大部分（罗马天主教、东正教和新教）、新教的主流教派——路德宗或信义宗（Lutheranism）、加尔文宗或改革宗（Calvinism 或 the Reformed Church）、英国的圣公会（the Church of England）、再洗礼派或重洗派（Anabaptists）等，也广泛涉猎早期教会中出现的异端（如基督教诺斯替派等）以及新教非主流教派。因此，虽然作者出于主题需要而删减资料，但全书仍然能够全面地展示出基督教两千年的概貌以及内在的关联性。

四、弥补总体上"失败"的第一流基督教会通史之内容

作为弥补总体上"失败"的第一流基督教会通史，《基督教会史》的特色之一是"结构简洁"，下文介绍的该书主要内容则进一步证明了这一点。该书首先按照重大的历史事件将两千年基督教会史划分为八个时代或阶段，每个时代或阶段成为该书的每个部分，由此该书总计分为八个部分，然后按照主题分章介绍每个时代或阶段中的重大事件、人物、运动或问题，该书总计 49 章或 49 个主题。这种"总—分"结构将复杂的基督教会史的脉络清晰地凸现出来。

第一个阶段为"耶稣和使徒时代"（The Age of Jesus and the Apostles，公元前 6 年－公元 70 年）[23]。该书将基督教的根源追溯到耶稣基督诞生之前悠久的犹太历史，描述了犹太教和基督教之间的联系和差别，但认为正是在公元一世纪，拿撒勒的耶稣基督通过抨击早已建立起来的犹太教将更新运动带入历史。耶稣在罗马执政官本丢·彼拉多（Pontius Pilate，26－36 年治理犹大地）手下受死于十架之后，其教导通过使徒的传布流传到整个地中海地区。其中使徒保罗（Paul，一世纪）的影响尤其，他强调神为万民赐救恩，认为无尽恩典的福音没有国界，不分种族、性别，也不受文化差异的影响，从而超越了限于一族的犹太教，使基督教成为"普世"或"大公"的宗教。公元 70

---

22 同上，第 3 页。

23 雪莱教授将第一个阶段或时代的起始年代定为公元前 6 年，但是在行文中并没有做出说明。该年可能是耶稣诞生的年份。根据一般看法，耶稣诞生于公元前 7－前 4 年。

年圣殿毁灭标志着使徒时代的终结。基督徒一直认为耶稣及其使徒时代为万世都当效法的楷模。

　　第二个阶段为"大公基督教时代"（The Age of Catholic Christianity，70－312 年）。这一时期之所以被称为"大公"时代，雪莱教授认为这是因为这种"大公"思想主宰了从使徒去世直至第一位基督徒皇帝君士坦丁（Constantine，？－337 年卒）出现之间的基督教史。在这一时期，基督教在整个罗马帝国扩展，也有可能东进到印度形成所谓的"马拉巴派"（Malabar Christians）。这里的"大公"意味着尽管基督教受到异教的嘲讽和罗马帝国的迫害，但它是普世的真信仰，反对以各种各样的方式歪曲基督教诲的做法。为了直面该时代的挑战，遭受逼迫的基督徒日益依靠作为属灵领袖的主教。作者概述性地认为大公基督教以普世异象、正统信条以及主教教会管理为标志。在该部分雪莱教授不仅详细考察早期基督教的正统特征，而且详细述介了基督教早期传布的概况、"拉丁神学之父"德尔图良（Tertullian，约160－约 225 年）对基督教的辩护、福音广传的原因、早期教会受到迫害的原因以及正典确定的过程和争议、主教制的形成、基督教教理学校及其代表人物如"第一位基督教学者"亚历山大的克莱门特（Clement of Alexandria，约150－约215 年）和奥利金（Origen，约 185－254 年）的思想等。雪莱教授认为，在大公基督教迅速传遍地中海世界的同时，它不仅面对各种异端的挑战，其中主要有伊便尼派（Ebionites）、幻影论派（Docetism）或似乎派（Seemism）、诺斯替主义、马西昂主义（Marcionism）、孟他努主义（Montanists）等，但通过求助于使徒著作以及捍卫使徒著作的正统主教，大胆地揭穿了它们的谎言，而且要直面罗马帝国的残酷迫害，大批涌现的殉教士既成为这一时期的特色，也向后继者见证了基督信仰是真实无误的。312 年君士坦丁看见基督的异象，自此基督教罗马帝国时代进入人类纪元。

　　第三个阶段为"基督教罗马帝国时代"（The Age of the Christian Roman Empire，312－590 年）。这一时期是罗马帝国基督教化以及罗马帝国干预教会事务的时期。罗马帝国皇帝君士坦丁在基督教史上占据重要地位。在他改宗之后，基督教逐渐从与世隔绝的墓穴提升为庙堂中的尊贵。这场大转折始自四世纪，最初尚为受迫害的少数派在四世纪结束时擢升为罗马帝国公认的宗教，被纳入到国家权力结构之中，为整个社会承担起道德教诲之重任。为了服务于国家，基督教在这个时期提炼教义，发展教会结构。统一教义和完善教会组织的活动始自于君士坦丁大帝，在其支持之下，基督教会学会为民众详细阐述信仰，并以此来维持自己的权力。为了争辩、阐发、统一教义和教会，伟大的大公会议时代出现了。为反驳早期异端如阿里乌派（Arianism）、阿波利拿里派（Apollinarianism）、聂斯托利派（Nestorianism）、优迪克派（Eutychianism），早期的四次大公会议围绕基督论展开了激烈的争论。在这一时期，为了反抗基督教信仰的俗世化，修士兴起。当野蛮人摧毁罗马帝国西部政权时，本笃会或多米尼克会（Dominicans）应募成为向异教徒传教的传教修会。在这个时期，基督教会出现了制度化和反制度化之迹象：一方面，在四世纪结束以前基督教成为日益扩张的罗马帝国的官方宗教，另一方面，对庙堂并无渴望的人走向荒芜之地，探寻通向恩典的另一条道路，这些受人尊敬的隐士们不久成为隐修制的先驱，后人相继效仿，隐修制蔚然成风。但是大多数基督徒将教会和罗马政府之间愉快的联姻视为神的作为。在东正教之中，这种姻亲关系持续了整整一千年，直到 1453 年信奉伊斯兰教的土耳其人将拜占庭王国毁于一旦为止。而君士坦丁堡的衰落意味着莫斯科即东正教新首都的崛起。在该部分，除了上述要点之外，雪莱重点介绍了君士坦丁大帝、早期教会史上著名的 *homoousios* 和 *homoiousios* 之争、基督论之争、希波的奥古斯丁（Augustine of Hippo，354－430 年）神学思想及其与多纳图派（Donatism）之争、教宗利奥一世（Leo I，440－461 年在位）的首席权问题、东正教的拜占庭特色、关于圣像（Icon）之争、基督教在"野蛮人"（法兰克人、盎格鲁－萨克逊人）中的传布情况等。

第四个阶段为"基督教中世纪"（The Christian Middle Ages，590－1517年）。雪莱教授将中世纪划分为三个阶段来介绍基督教会在中世纪的发展进程，即"早期中世纪"、"高度中世纪"、"中世纪的衰落"。590 年教宗格列高利（Gregory，590－604 年在位）被祝圣为圣彼得的继承人以及随后野蛮人摧毁西罗马帝国标志着绵延千年的欧洲中世纪的开始。生活在这一时代的人称自己为"基督徒"，这是因为在西方教宗渐渐兴起于瓦解的罗马帝国废墟上，并在罗马逝去的辉煌上建立起中世纪教会。基督教会在这一时期担负着将欧洲新秩序团结起来的重任。作为昔日罗马帝国的唯一幸存者，罗马教会动员本笃会修士并派遣他们作为传教使者前往日耳曼民族，经过几百年时间，在基督徒君王们的辅助下，教宗使这块大陆平静下来，基督教王国即基督教欧洲形成了。在中世纪，教会无论是在法治、追求知识上，还是在文化表现形式上都占据主导地位。形象地表述这一地位的基本概念就是基督教王国，它将帝国和教会联合起来。这一政教合一的格局始自八世纪的查理大帝（Charlemagne，约 742－814 年）统治时代，但教宗慢慢地肩负起越来越大的权力，最终英诺森三世（Innocent III，1178－1180 年在位）教导欧洲认教宗为世界统治者。至十世纪，属灵复兴始于法国中部的克吕尼修道院（Congregation of Cluny），随后广为传播，最终达及罗马教宗。推崇改革的历代教宗中最伟大者要数格里高利七世（Gregory VII，1073－1085 年在位）。他热情的接任者将教宗职权推到世俗权力的顶点。十二世纪的教会不再是原先罗马帝国的衍生物，而成为集属灵与世俗王国为一体的国度，其领地从爱尔兰延伸到巴勒斯坦。十字军运动和经院哲学或士林哲学都是教宗主权的见证。可是，权力最终导致腐败。教会虽然赢得了世界，却丧失了自己的灵魂。一股改革的涓涓细流涌现了，其中主要有反对天主教俗世化的阿尔诺德（Arnold，约 1100－1155 年）以及倡导守贫的韦尔多派（Waldenses）、清洁派（Cathari）即西欧的阿尔比派（Albigenses）、方济各会或法兰西斯会（Franciscans）。十四、十五世纪，出现了争夺世俗权力的斗争和宗教荒芜的确据，许多基督徒又回到圣经，从中寻找崭新的异象与更新的力量，由此出现了改革家威克里夫（John Wyclif，约 1330－1384 年）和胡斯（John Hus，1369－1415 年），成为宗教改革运动的先声。在该部分，除了上述所述介的内容之外，雪莱教授还主要介绍了封建制与教会的关系、大学与教会之间的渊源关系、阿奎纳（Thomas Aquinas，1224－1274 年）的神学思想、多明我会或多米尼克会（Dominicans）与异端裁判所（Inquisition）、教宗制的巴比伦之囚（the Babylonian Capitivity of the papacy，1350－1377 年）时期等。

第五个阶段为"宗教改革时代"（The Age of the Reformation，1517－1648 年）。在该部分，雪莱教授围绕如下四个问题重点介绍了新教的涵义，即人如何得救？宗教的权威性何在？何谓教会？基督徒生活的菁华是什么？宗教改革运动始于 1517 年 10 月 31 日路德（Martin Luther，1483－1546 年）张贴《九十五条论纲》这一事件。自此改革精神在十六世纪爆发出来，在诞生新教的同时，也动摇了欧洲西部基督教王国中教宗的领袖地位。早期新教的四大主要传统即信义宗、再洗礼派、改革宗和圣公会或安立甘宗在这个时期形成。经历了一个世代之后，罗马天主教会自己在耶稣会（Jesuits）的带领下恢复了道德热情，掀起一场前往亚洲、非洲、拉丁美洲的传教新浪潮。随之而来的是罗马天主教和新教之间的血腥斗争，整个欧洲遭受着战争的摧残，最后、最具破坏性的所谓的宗教战争即三十年战争（1618－1648 年）的结束给宗教改革时代划上句号。在这个时期对当代世界产生直接影响的事件要数英国的清教徒（Puritanism）运动及其在美洲殖民地的宗教试验活动。如果说到十六世纪中叶，宗教改革运动粉碎了西欧的合一传统，将宗教多元主义传承到现代时代，西方的基督教王国被永久地分裂开来，那么，美洲殖民地上的宗教多元化现象指明了一条新道：教会中的宗派观念，它允许现代国家将教会视为与国家分离的志愿性会社或团体。

第六个阶段为"理性与复兴时代"（The Age of Reason and Revival，1648－1789 年）。雪莱教授认为，宗教改革时代以基督徒关于拯救道路之争为标志，而理性时代最突出的标志则是否定一切超自然宗教。[24]在这个部分，雪莱教授首先界定了理性主义的主要特点，即以尊重科学和人类理性代替基督教信仰；根本关注点不再是来生，而是在这世上获得快乐和自我价值实现，通往快乐的最佳途径是人的心智，而非信仰，也非情感、神话或迷信；世俗主义深入西方社会的公众生活当中；神依然存在，但信仰成为个人选择的产物，信仰更多的是体验而非教条。其次，雪莱教授追溯了近现代理性主义的来龙去脉，认为理性主义发端于文艺复兴运动，成熟于启蒙运动。最后，雪莱教授认为，在理性主义时代基督徒用强权镇压异端的时代一去不复返了，但很多信徒转向当初使徒所采用的方式：祷告与布道，一系列的福音派复兴运动由此而来。他重点介绍了以清洁派、循道宗或卫理公会（Methodists）和大觉醒运动（Great Awakening）为主要代表的复兴浪潮。

第七个时代为"进步时代"（The Age of Progress，1789－1914 年）。1789年的法国大革命为进步时代开端的标志。雪莱教授认为，该时代以人类进步说为新时代信仰的基础，自由、平等和博爱成为该时代的主旋律。进步时代亲历了各种基督徒如何英勇地抵制世俗主义侵蚀的活动，其中主要有克拉朋教派（Clapham Sect）、牛津运动（Oxford Movement）。基督徒从福音派觉醒运动中获得力量，将福音传至偏远地区，并在工业化的欧洲和北美开展社会服务事工。对此雪莱教授评价说"19 世纪的基督教传教团体在人类历史上是空前绝后的"，"19 世纪是基督教扩展的伟大纪元。"[25]这一特点塑造了现

---

24 布鲁斯·L.雪莱：《基督教会史》（第三版），第 315 页。
25 同上，第 381 页。

代基督教，成为现代基督教的标志。一直采取防御策略的教宗制从罗马的壁垒里点燃了发向罗马天主教信仰的现代敌人的火炮，开始反对自由主义，提出教宗无谬论。而新教则出现了新教自由主义神学。但是，尽管基督徒竭尽所能，基督教还是渐渐远离西方世界的公共生活。雪莱教授挑战性地向读者提出如下尖锐的问题：那一时代的信徒留下我们这个时代认识到的一个问题，即在基督徒认定的实在不再流行的多元主义和极权主义社会中，基督徒如何发挥道德影响力？

　　第八个时代为"意识形态时代"（The Age of Ideologies，1914－）。雪莱教授借鉴历史学家阿诺德·汤因比（Arnold Toynbee，1885－1975年）的观点，认为二十世纪是后基督教时代，由三种意识形态主宰，即纳粹主义、共产主义与崇美主义，出现三个新的神祇并成为世人效忠的对象，即纳粹主义鼓吹的国家、共产主义崇拜的政党，美国民主崇尚的个人及其权利。为了确保这些新神至高无上的地位，现代人发动了两次全球战争。当没有一种意识形态能独揽大权时，这些原先的基督教国家就开始以冷战方式相处。在动荡的岁月里，那些战胜正统以及自由主义神学的宗派找到了寻回失落的合一的新方法，反映出基督徒重新渴望使徒经验。新教在各种奋兴和联合运动中自我更新，罗马天主教开始寻找更新教会、开展对话和改革的道路。然而，第三世界的基督徒异军突起，古老的信仰被赋予了新希望，成为意识形态时代的一支伟大的生力军，雪莱教授将这种现象描述为"回流时代"。在该部分雪莱教授重点介绍了美国基督教的发展情况，其中主要有福音派的复兴、基要派（Fundamentalist）的兴起、宗派的合并、诸宗派的合一、教会结盟、大众文化和传媒对教会的影响、新宗教右翼的兴起、特大教会的兴起等。最后，雪莱教授探讨了全球化对基督教的深刻影响，认为全球化给基督教教会和传教使命既带来了机遇，也带领了挑战。值得注意的是，雪莱教授根据历史和现实经验预测了未来基督教发展的新动向，认为在二十世纪末，全球化处境中出现了一股古老而又崭新的现象，即"宗教越来越**被政治化**，而政治也在世界各地**被宗教化**"[26]。这一预测如果成为完全的现实，那么在二十一世纪的基督教教会历史必定呈现出新的图景。

---

26 布鲁斯·L.雪莱：《基督教会史》（第三版），第488页。

五、教会史及其延续之动力

雪莱教授在该书中采取"问题"方法述介基督教两千年的故事流传史，其中不可避免地留下大量空白，有些非常重要的人物和事件并未被收录在内，如中国的"礼仪之争"、本色化运动以及三自运动等。这里面既涉及到作者自身知识视野的局限，以及出于该书谋篇布局之需，是否与作者自身所处的基督教西方处境相关尚值得我们思考。但是，作者在英文第三版中特别将最后的第 49 章用来讲述中国家庭教会的故事，一方面弥补了上述不足，另一方面，也是对全球化时代基督教的发展动态作出一个展望，即中国基督教的未来对全球基督教具有举足轻重的地位。不过，就整体而言，全书通过问题方法历时性地述介基督教从拿撒勒的一个小村庄到地球村所经历的兴衰和变迁，能够帮助普通读者了解基督教教会的宏观发展历史以及有关历史人物、事件、运动、教职和教职、神学思想、教派和机构等基督教知识和信息，而且能够帮助普通读者清楚地认识到教会史及其对当今社会的重要影响，认识到"许多如今正在发生的问题并非独一无二，它们与过去总存在着一定的联系"[27]，全球化时代的诸多面向仍然与过去有着千丝万缕的关联。在这个方面该书的确能够发挥一定的作用。

在该书中，雪莱教授尽管从基督教历史神学立场出发，不得不带有"偏见"，但是对教会历史的叙述始终坚持辩证的方法，即认为教会本身蕴涵着矛盾和对抗的力量，这种矛盾和对抗从基督教诞生之日就表露出来，一直延续到今天：基督教从对抗教条化和自我中心的犹太教中产生出来，初代教会的正统思想是在同教会内外的异己思想和观念的斗争中确定起来的，甚至在中世纪已经体制化的教会之中尚产生出反俗世化和主张守贫的运动，反抗天主教的新教改革运动更是形成一股与天主教和东正教相对峙的第三支基督教力量，新教产生后，其自身在理性主义和世俗主义的夹逼之下，不断地涌现出新生力量如福音派、基要派以及宗教新右翼等。纵观基督教教会两千年的历史，正是因为更新之力不断地从某种完全想象不到的源泉中喷涌而来，教会才能够一而再再而三地依赖这股不可见的力量常在危难时化危机为成长的契机：早期罗马帝国的残酷迫害清洁了信仰之家，对抗异端的传播炼净了教会的基本信条，突然出现的野蛮游牧部落为基督教的未来传布开启了大门，

---

[27] 同上，"前言"，第 2 页。

等等。这种面对新挑战、开发更新源泉的能力是基督教教会能够不断成长的奥秘之一。基于这一洞见,雪莱教授在该书结尾乐观地展望了基督教的远象:

> 是的,他〔指基督——笔者〕是为万世而在的人。如果有一天,许多人视之为不相干的人,视之为被遗弃的过往所残存的纪念,那么,教会史就是无言的见证:耶稣基督不会从历史舞台上消失。他的名虽会改变,但他的真理将存留万世。[28]

(延伸阅读:威利斯顿·沃尔克:《基督教会史》,孙善岭、段琦、朱代强译,朱代强校,北京,中国社会科学出版社,1991年。)

---

28 同上,第499页。

第二章　读写凝固的信仰生活——评顾卫民著《基督宗教艺术在华发展史（唐元明清时期）》

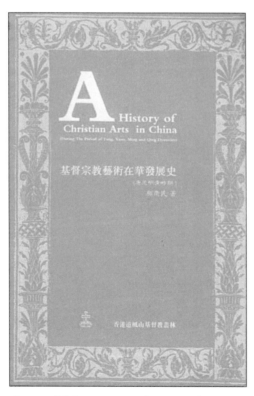

顾卫民：《基督宗教艺术在华发展史（唐元明清时期）》，香港：道风山基督教丛林，2003 年。

顾卫民：《基督宗教艺术在华发展史（唐元明清时期）》，上海：上海书店出版社，2005 年。

一、读写凝固的信仰生活

　　基督宗教[1]艺术史研究在西方业已成果卓著，而在汉语基督教语境中一直阙如。虽然汉语界有"基督教与艺术"一类的著作[2]和文章，但不仅数量少、主题分散，即使与中国语境相关联，也附著于其他论题之下，而多与"中国基督宗教艺术史"关系不密切。[3]一部历时性地介绍中国基督宗教艺术史的著

1　广义的基督教涵括天主教、东正教与新教，也被称为"基督宗教"，在狭义上，在汉语语境中，新教也被称为"基督教"。本书的"基督教"一词采用广义。顾卫民在《基督宗教艺术在华发展史（唐元明清时期）》一书中使用"基督宗教"一词指称广义上的"基督教"。故本书的"基督教"与"基督宗教"涵义等同。

2　例如，孙津的《基督教与美学》（重庆：重庆出版社，1990 年）虽然论及了"基督教和美学"，但全书仅介绍和分析了西方美学理论，根本没有中国语境下基督教与中国美学的理论分析，更不用提基督教艺术理论与中国美学之间的张力了。该书的西方美学本位色彩是不言而喻的。

3　参见顾卫民：《基督宗教艺术在华发展史（唐元明清时期）》，香港：道风山基督教丛林，2003 年。在该书附录部分文献中，"中文书籍"涉猎的书籍囊括从二十世纪二十年代至二十一世纪初出版的各类相关著作八十部，"中文论文"涉猎的七

作一直未有出现。其中的原委大概出于以下几点。其一，自唐代景教入华，耶教一直未与儒释道合流为一体，形成四教合流的态势或定局。其二，一千三百多年的基督宗教在华传布史一般被认为由四次断裂、五个阶段串成。[4]这种非连贯的历史经历必然给艺术品带来致命的破坏。其三，艺术品本身随着历史的磨砺而自行消损，若无主观的呵护，必大批自我消损，若再加上人为破坏，其在历史记忆中集体消失的速度就更加迅速。

上海师范大学哲学系顾卫民教授（以下简称顾氏）的新著《基督宗教艺术在华发展史（唐元明清时期）》在学术建树上弥补了中国基督宗教史的一个缺角，[5]丰富了汉语基督宗教研究的主题，开拓了中国乃至世界基督宗教研究的领域。这种补缺工作的意义不仅仅在于开拓了中国艺术史长期被淡漠的园地——中国基督宗教艺术，更在于向世界艺术史展现了中国文化的丰富性和多元性。这种工作实际上首先是作者学术研究轨迹的一个必然结果。在完成《基督教与近代中国社会》（1996 年）[6]、《中国与罗马教廷关系史略》（2000 年）[7]、《中国天主教编年史》（2003 年）[8]等著作之后，自年少便与艺术结下不解之缘的顾氏推出该新著。这部新著表明作者从个人生活和学术经历两个层面认识到汉语基督教历史研究的空白点，继而以严谨的学风、实事求是的探索精神两面出击——常规资料收集和田野考察（如该书第 20－26 页以及第

十六篇论文跨越二十世纪三十年代至二十一世纪初，但无论所列的著作和论文均要么将中国基督宗教艺术史附属于交通史、美术史、陶器史等一类的研究中，要么散见于具体的艺术作品介绍和研究中。通论性的"中国基督宗教艺术史"一直未在汉语基督教学术界浮出水面。

4 唐代景教享五世优容之后，因武宗灭佛而在中原地区消失，元代的也里可温教（景教和天主教）随元亡而或亡或断，元、明、清的天主教因清初禁教而受围限，晚清以降的基督宗教至二十世纪六十年代"文革"后几近灭绝，二十世纪八十年代以来的新时期，伴随着新一波的门户开放政策和较为宽松的宗教政策，基督宗教在中国得到复兴。

5 这种补缺的意义并非仅限于中国基督宗教史，如李淞著《长安艺术与宗教文明》（北京：中华书局，2002 年），在该书中作者没有提及景教在西安的传布活动。在赖品超编著的《近代中国佛教与基督宗教的相遇》（香港：道风书社，2003 年）"导论"中，赖品超先生论及近代之前的景教和天主教与佛教的相遇（第 10－11 页），但没有关于具体史料予以充分证明。在这方面，顾卫民教授的著作无疑起到了补缺的作用。在《基督宗教艺术在华发展史（唐元明清）》中，顾卫民教授以艺术史料充分说明景教和天主教在华传播过程中均受到儒释道的深刻影响。

6 顾卫民：《基督教与近代中国社会》，上海：上海人民出版社，1996 年。

7 顾卫民：《中国与罗马教廷关系史略》，北京：东方出版社，2000 年。

8 顾卫民：《中国天主教编年史》，上海：上海书店出版社，2003 年。

五章全章等），奉献出这本"史料详实、图文并茂、简繁得当、分析到位"的新著。这种筚路蓝缕、甘苦自知的工作也是作者作为人文知识分子志愿担当呈现被忽视的历史记忆之责任的结果。如果没有源发于人文知识分子内心的使命感，就没有"用眼睛和脚""阅读"、用"手和大脑""撰写"中国基督宗教艺术史的决心和毅力。因此，该书的价值就不仅体现在它是汉语基督宗教界第一部宏观、历时地评价中国基督宗教艺术史的著作，而且体现在它呈现出中国基督宗教在文字史料之外（尽管最终要诉诸文字表述）的生活样式，让读者在阅读凝固了的民间生活的时候，能够和作者共同感受到基督宗教信仰作"盐"和作"光"的奥义，触摸到曾经真实而流动着的信仰生活之本身。该书不仅适合于学者研究之用，满足学者研究之需，更可为普通读者，无论是平信徒，还是非信徒了解中国基督宗教艺术之用。对于中外研究者而言，该书是不可多得的中国基督宗教艺术史资料，其对于中国基督宗教艺术的分析更具有巨大的启发灵感的价值；对于普通读者而言，在鉴赏艺术珍品之余，既可拓展知识视野，也可陶冶情操。因此，该书对于广大对（宗教）艺术抱有兴趣的读者以及研究历史、艺术、美学、宗教、哲学等学科的人来说，是一本具有重要价值的参考书。

该书按照历史纵线，以现象学的方式客观地（有些是实地）描述了唐元明清时期基督宗教艺术在华的发展史。全书共有五章和一份非常具有参考意义、有助于精深研究的参考书目。该书之特色可用上文提到的十二个字来概述："史料详实"，作者遍阅中外文资料，所引资料没有一处无出处；"图文并茂"，作者采用图片三百一十五幅（其中包括五幅地图），每幅图片的内容，无论是碑石、绘画，还是教堂建筑和炮台建筑，均有详细的文字说明，为读者了解历史上的中国基督宗教遗存提供了丰富的史料和美学知识，在这个方面该书可能成为陶理主编的《基督教两千年史：自第一世纪至当代》[9]的姐妹篇；"简繁得当"，作者在述介基督宗教艺术在华史方面，抓住每个时代具有代表性的遗存予以详细介绍和说明，同时兼顾相关的材料，例如，景教以"景教碑"、房山十字寺和碑刻为介绍重点（第一章），元代的天主教以扬州元代拉丁文碑刻为介绍重点（第一章），晚明的基督宗教艺术以罗儒望（又译罗如望，Jean de Rocha，1566－1623 年）和艾儒略（Julio Aleni，1582

9 陶理主编：《基督教二千年史：自第一世纪至当代》，香港、台湾：海天书楼，1997年 11 月初版，1998 年 7 月 2 版，2001 年 3 月 3 版。

－1649 年）的木刻版画集的分析最为详尽（第三章），清廷宫廷的传教士画家则以郎世宁（Giuseppe Castiglione，1688－1766 年）的绘画生涯、作品和艺术成就为重，其中对中国传统艺术与西方基督宗教艺术之间的殊异的分析颇为精彩（第四章），明清之际的天主教遗存则以介绍澳门的大三巴、北京的四大堂和圆明园为主（第五章），这些代表性遗存的述介和评析成为该书的亮点；"分析到位"，作者在评析艺术作品时，没有主观臆断和妄语，凡史料和实地考察能够确定的遗存皆下肯定判断，反之皆留下存疑以待后人继续探查，在用语上也多为不确定性的词语，如"可能"、"似乎"等，客观求实的态度由此可见。

　　具体地说，该书第一章介绍古代中国境内的景教石刻以及遗迹。该章所介绍的景教在华传播史跨越唐、宋金以及元三个历史时期。由于年代久远以及政治因素（唐代灭佛以及元王朝由盛及衰），景教在华艺术资料的存留较为稀少。在该书中，作者广泛涉猎中外史料并亲历考证，爬梳出一幅较为完整的景教在华传播艺术史线索。这是该书对基督宗教艺术史研究作出的一大贡献。作者在不排斥其他中土基督宗教发端说[10]的前提之下，以一般史家的公论确定中国基督宗教艺术的开端，认为"大秦景教流行中国碑"记述的历史为中国教会史的起点，由此将基督宗教艺术在华史的源头追溯到唐代景教的入华[11]。作者认为，自景教在中土流行之后，中国境内出现了最早的教堂即大秦寺，其分布较为广泛，主要分布于西安、洛阳、灵武、周至、成都等地。其中周至大秦寺可能是唯一现存的有文字以及遗迹可考的景教寺院，属于中国最早的一批基督教堂之一。唐武宗会昌五年（845 年）灭佛之后，受到牵连的景教在中原地区受到禁止。景教在唐代前后活动了二百余年，此后在边陲地区如新疆、甘肃、内蒙古以及东北地区一直没有停止过活动，直至元亡。这些地区均有景教遗存来见证这段被中原地区隔绝和遗忘的景教传播史，如新疆的托克马克墓地以及 Pishpek 墓地、新疆高昌古国景教遗物、甘肃敦煌景教画像、新疆米兰景教画像、内蒙古鄂尔多斯十字架、内蒙古百灵庙地区的石刻遗物、内蒙古阿伦斯木城景教石刻、内蒙古城卜子王墓、内蒙古石柱子

---

10 关于中国基督宗教发端之争可参见郭卫东：《中土基督》，昆明：云南人民出版社，2001 年。在该书第 6－7 页，作者概述有四种发端说：东汉说（多默说）、三国说、南北朝说和唐说（以景教碑为标志）。

11 日本学者关卫也是将基督宗教美术在华史追溯到景教碑。参阅（日）关卫：《西方美术东渐史》，上海：上海书店出版社，2002 年，第 93－94 页。

梁的景教石刻、东北地区的景教十字架和石刻等。在边陲地区的景教艺术遗存极为稀少而珍贵，作者能够爬梳出这些材料，改变了日本学者关卫（Seki Mamoru）对景教在华艺术史的判断[12]。至元代，与元代传入中国的天主教一起被统称为也里可温教的景教，在华发展达到顶点和终点。元代称景教寺院为"十字寺"，初受崇福司掌管。其数目在崇福司改院后为七十二所。在七十二所掌管司下具体有多少十字寺数目现已无法统计和考证。根据日本学者佐伯好郎（Saeki Yoshiro）考证，元代中国境内有十字寺以及十字碑地名的地区有五十一处之多，其中发现遗物的至少有十三处[13]。但目前只有河北省房山县的十字寺是唯一文献和遗迹均可考察的遗存。作者从史料和实地考察两个方面详实地介绍了这座寺院以及其中的碑刻。除了边陲地区，元代的景教在中原地区得到蓬勃发展，在扬州、镇江、卢陵、泉州都有大量的景教遗存。由此看来，至元代，中国的大江南北、黄河内外均有景教传播，可谓进入景教在华艺术传播史的鼎盛时期。

第二章"元代方济各会士在华的历史遗存"，介绍天主教修会方济各会士在北京、阿伦斯木古城建立的教堂以及在扬州和泉州的墓碑遗存。从这些地区的天主教遗存来看，在元代，中国的北京－内蒙古－扬州－泉州－罗马之间存在着密切的联系，证明元代的中国是一个文化多元化的社会，同时，与景教相比，这批天主教在华遗存更多保持着罗马教会的底色，但已出现本色化的端倪。在该章，作者首先根据约翰·蒙高维诺（Giovanni da Monte Corvino，1247－1328 年）著名的三封书信判断，蒙氏于 1294 年抵达大都（今北京）开创天主教在华传教的先河，在北京建有两处天主教堂：首座建于 1299 年，第二座建于 1305 年。此自当为天主教在华艺术史的开端。其次，作者介绍蒙古汪古都首领阔里吉思由景教皈依天主教后在阿伦斯木古城（赵王城）建立的一座天主教堂。从蒙高维诺的记述来看，该教堂提供的讯息有四点值得注意：该教堂采用罗马式建筑风格；距离北京仅二十日路程；该堂举行弥撒使用当地语言；《日课经》曾被要求译为本地语言。尤其是后两点足以说明天主教本色化的历史和实践在梵二会议召开六百多年前的中国就已默默开始

---

12 关卫认为："当时在景教寺院的建筑及装饰上，那在高宗时代亡命于中国的萨山朝人想必也参与过。其中多少亦必还有纪念西方基督艺术的特色的，但其样式，迄今还全不明白"。（日）关卫：《西方美术东渐史》，第 94 页。关卫的看法是具有一定代表性的。

13 顾卫民：《基督宗教艺术在华发展史（唐元明清时期）》，同前，第 14－15 页。

了。再次，作者介绍扬州两块著名的天主教墓石，其中的发现多有极大的学术和艺术史料价值。墓石 I 的价值主要体现在该墓石上不仅刻有圣女加大利纳（St. Catherine of Siena）像及其殉道事迹，而且雕刻有怀抱小耶稣的圣母像。这份扬州圣母像，乃迄今为止中国发现的最古老的圣母雕像。该雕像既借鉴了欧洲"永援圣母"（Our Lady of Perpetual Help）模式，也利用了中国传统艺术的表现手法。墓石 II 有一点非常突出，就是雕刻有关世界末日审判的图案，说明在华传播的天主教重视末日审判、死人复活等信条。最后，作者介绍泉州的天主教石刻。泉州是元代天主教活动较为活跃的地方，因此，泉州以及周遭地区如福州和厦门所留遗存也相对较为丰富。其中主要有主教安德鲁（Andrew of Perugia）墓碑。该墓碑与扬州加大利纳墓碑的一个共同点是雕刻的天使图案与景教不同，既无胡须或耳环，也无僧帽或波斯式罩袍，富有希腊式美感，由此与东方化的景教明显不同。泉州东门仁风门一带的元代方济各会的遗物如墓碑石刻，证明天主教和景教之间存在着明显的差异，主要有：十字架为希腊式，十字架下未出现景教石刻中具有的东方特色的莲花、莲座和莲花柱脚。这一点以及以上天主教遗存说明元代在华天主教艺术较少东方气息，但不乏本色化的迹象。

第三章"晚明基督宗教艺术绘画传入中国"，主要考察晚明时期天主教绘画艺术在中国的流传情况。明朝采取严厉的排外政策和海禁政策，景教在中原地区减绝，天主教在中原地区的活动基本停止，直至晚明耶稣会士由澳门进入内地才开始基督宗教在华的第三波传播之旅。作者认为，当时来华的传教士，最初主要的努力方向是致力于考察基督教会的历史痕迹，以附和"多默来华传说"[14]，并以此为传教之张本。作者首先根据来华西人的记述勾画古代中国基督教的痕迹。虽然克路士（Gaspar da Cruz, 1520－1570 年）、门多萨（Juan Gonzalez de Mendoza）、利玛窦（Matteo Ricci, 1552－1610 年）等人的记述多为猜测，但也为中国基督宗教艺术史留下了珍贵的资料。在晚明，对中国基督宗教艺术史贡献最大的，当属利氏。利氏的上层传教路线奠定了早期在华耶稣会士传教事业的基石。在上层传教路线指导下，西洋绘画自然成

---

14 十六世纪来华的耶稣会士曾经提出，耶稣十二门徒之一的多默（Thomas，又译多马）曾经从耶路撒冷出发，经过波斯和阿拉伯来到印度，最后来到中国，并在北京等地布道，后又回到印度，被婆罗门教徒用石头砸死，是年为公元 68 年，即中国的东汉初年。参阅穆尔（A. C. Moule）：《一五五零年前的中国基督教》，北京：中华书局，1984 年，导言。

为传教的辅助手段。利氏在 1605 年初致友人的信中直言绘画与传教之间的密切关系："有时很难用言语解读《圣经》，而图像放在面前，有时虽无言语也能领会。"[15]利氏不仅向中国皇帝进呈具有宗教内容的西洋画，而且将西洋投影原理介绍到中国，其时中国人所称的光线明暗和立体效果的凸现画就是西画。在利氏之后，晚明在华耶稣会士继承利氏的传教方略，继续将绘画作为传教策略中予以重点考量的一个部分，在此策略的影响下出现的代表作有《诵念珠规程》（1617 年出版）以及《天主降生出像经解》（1637 年出版）。作者在该章中重点介绍这两种由晚明会士刊印的木刻版画集。这两部木刻集所参照的母本均为稍前在欧洲出版并流行的铜版画《福音故事图像》（*Evangelicae historiae imagines*，1593 年出版）。但在华耶稣会士在临摹时将铜版画改为木刻线条画，在人物和景物的表现手法上略有变通，从中不仅可以看到早期西洋美术在华嬗变的痕迹，而且它们本身也成为基督宗教艺术本色化的一个显著例证。作者还在该章中介绍了《福音故事图像》在华的第三个摹本，即汤若望（Johann Adam Schall von Bell，1592－1666 年）的《进呈画像》。该章最后介绍十六至十七世纪澳门有关基督宗教题材的油画。此类作品主要可以分为两个部分：一是来华传教士画作，二是曾在日本传教后因德川政府禁教而转至澳门的尼古拉（Giovanni Nicolao）及其弟子和同时代的流亡画家的画作。作者精选《日本的殉道者》、《天使长圣弥迦勒像》、《圣塞巴斯蒂安的殉道》、《三王的崇拜》、《圣五伤方济各之画》等作品予以详细介绍，其中不少作品在一般书籍和资料中难以觅得芳容。

第四章"供奉于清朝宫廷的西洋画家"，介绍以技术专家身份在清宫廷供职的耶稣会士的作品。作者主要介绍"融合中西画法的宫廷画家"朗世宁以及王致诚（Fr. Jean-Denis Attiret，1702－1768 年）、艾启蒙（Ignatius Sichelbarth，1708－1780 年）、潘廷璋（Joseph Panzi，1733－1812 年）、安德义（Joannes Damascenus Salusti）、贺清泰（Ludovicus de Poirot）等耶稣会士的作品。郎氏的丹青生涯具有一定的代表性，故成为该章的重点介绍对象。郎氏于雍正元年进入清廷，恰逢雍正改变怀柔政策之际，其绘画自然受到外部环境的影响，因此少有基督宗教题材。作者主要介绍了其中的两幅：《守护天使像》和《圣弥迦勒天使像》。郎氏早期重要作品如《嵩现英芝图》以及《百骏图》虽然题材和风格均不离中国，但明显体现出西洋画法的影响。根据作

---

15 顾卫民：《基督宗教艺术在华发展史（唐元明清时期）》，同上，第 122 页。

者的分析，郎氏晚年画作明显倾向于中国风格。作者认为，这种转向表面上是受制于皇帝的个人审美情趣以及喜好，但实质上是东西方艺术相互碰撞的产物。作者在此从学理上精到地剖析了西洋绘画和中国艺术之间的张力，从哲理层面解释了朗氏艺术生涯晚年转向的深层原因。作者还尤为强调朗氏作出的突出贡献之一在于他将文艺复兴与在此前后流行的透视法系统地介绍到中国。这种介绍不仅仅蕴含在郎世宁的绘画艺术作品之中，也体现在他与中国学者年希尧（？－1793）合作编译的《视学》一书之中。作者提出郎氏诸多作品是中外合作的结果，逐一介绍了中西合璧的佳作如《乾隆平定準部回战图》。该套铜板组画总计十六幅，由郎世宁、王致诚、艾启蒙、安德义共同完成，先由画家绘成草稿，底稿绘成后在法国印成。这组铜版画不仅艺术地再现了乾隆平定叛乱的历史事件，而且作者评价认为它"也成为中国与欧洲艺术交流的历史见证"[16]。

第五章"明清之际中国各地的教堂建筑和墓地"较为特殊和可贵。该章的记述均为作者本人亲自考察并根据中外文字史料撰写而成，体现了作者"行万里路，读万卷书"的为学精神。该章实际介绍明清之际天主教在华的艺术遗存。作者鉴于澳门在十六至十七世纪传教史上的突出地位，介绍了澳门的教堂建筑，认为澳门的教堂建筑与澳门城市的开埠有着密切的关系。在澳门早期城市史上，教堂建筑发挥了主导作用。这种作用简言之体现在"以传教士，特别是耶稣会士建立的教堂和修道院为中心，人们逐渐在其周围定居和聚集，城市的发展亦逐次定型，形成今天依然保存着地中海城市的特有风采"[17]。作者介绍了澳门的天主教堂如望德堂、圣劳伦佐堂、圣安多尼堂、奥斯定教堂、圣保禄堂（三巴寺）等十一座教堂建筑，其中以兼具东西文化特色的三巴寺最为详尽，另介绍了澳门的炮台建筑六处。作者还介绍了北京四大堂（南堂、北堂、东堂和西堂）以及南京、上海、杭州的老天主教堂。作者注意到传教士不仅在绘画、建筑上对中西文化的交流贡献颇多，在园林艺术上也成为沟通中西的桥梁，这方面的代表作首推圆明园。作者认为，从圆明园建筑艺术来看，以反宗教改革闻名的耶稣会士吸收和运用了人文主义的文化和科学方法。这就矫正了人们对文艺复兴以降直至梵二会议的罗马教会的一般看法：与文艺复兴、人文主义誓不两立。最后作者介绍了北京的天

---

16 同上，第 211 页。
17 同上，第 218 页。

主教墓地（主要有滕公栅栏墓地、传信部教会墓地以及正福寺墓地）以及杭州的大方井墓地，对墓地的天主教特色以及历史、碑文与中国传统文化之间的关联等作了详尽的说明。

二、基督宗教艺术与本色化：以景教碑为例

顾氏敏锐地体认到，基督宗教传入中国必然会与具有巨大的同化能力和异质多元的中国主流文化传统——儒释道发生碰撞和融合。捕捉到中国基督宗教的本色特点是贯穿本书的一个线索。鉴于实际的历史发展，作者主要介绍的基督宗教实际上只有景教和天主教。因此，该书为景教和天主教在华本色化研究贡献出第一手珍贵的艺术资料。限于篇幅，本章仅举景教碑为例说明此点。

作者认为，景教碑不仅具有重大的信仰和历史价值，"其碑刻的本身就是融合东西方文化特征的中国古代基督宗教艺术作品"[18]。因此，基督宗教本色化的历史源头也要追溯到唐代的景教入华。景教在华艺术史实际上就是一部基督宗教与中国多元化的宗教和文化处境相互碰撞、交融的过程史。就景教来说，这一过程以景教碑为起点一直延续到元亡明兴；就整个中国基督宗教史来说，这一过程以景教碑为起点一直延续到当代。在该书中，这种本色化特色体现在作者对基督宗教艺术作品的精到分析中。

从作者的叙述来看，景教碑本身就是东西方文化融合的典范之一。首先，从景教碑图案来看，"该碑环碑首的边缘雕刻着两条巨大的无角'螭'龙，……两龙缠绕飞腾，龙尾夹着一颗大珍珠，正好位于碑的上方正中央。"[19]自东汉以降，环文碑首逐渐演变为碑首使用虬龙盘绕的对称形象。景教碑是中国碑刻艺术流变史的一个见证，说明基督宗教在华艺术必然受到中国文化传统的深刻而入微的影响。"龙"的形象在古代中国为皇帝独占，成为皇权的象征。碑首使用龙的造型表明唐代入华的景教传教士有意和中国文化传统相互结合，亦说明他们和皇室有着密切的关系。但按照基督教主流传统的看法，"龙"当属于偶像，而景教传教士在碑刻上运用龙的造型，这种做法最明显地表明景教与当时主流教会之间存在着重大差别，另外，是否有出于生存之需而采取适应政策的可能性？是否与景教自身的神学观念相关？这些也

---

18 同上，第1页。
19 同上，第2页。

是非常值得学术界探讨的问题。在景教碑上除"二龙戏珠"中出现的珍珠形象之外，十字架中央也可有珍珠。珍珠虽为中国传统艺术常有的形象，但它实际上也是本色化的一个极佳证明。根据日本学者佐伯好郎的分析以及东方教会《叙利亚日课经》的记述，在景教中珍珠具有特殊的宗教涵义，代表着信仰者心中信条的化身，成为信仰的表征。景教碑上的珍珠自然包涵着这种宗教意义。十字架是基督教信仰最重要的象征。景教碑上的十字架属于希腊式，即四臂等长的正方形十字架，与横臂短竖臂长上短下长的西部拉丁教会十字架明显不同。根据该书作者考证，有学者认为景教碑上的十字架仿效了六世纪罗马主教宗座十字架的原型，有人认为它类似于印度马拉巴圣多默墓碑上的十字架。不管其起源何处，景教碑上的十字架带有鲜明的东方特色，这一点毋庸置疑。景教碑十字架下刻有飞云和白云，飞云之下刻有莲花。飞云和白云常常出现于道教和伊斯兰教，莲花则是佛教的徽号。由此似乎可以说明景教碑象征宗教合一。另外，景教碑的碑文内容用中国古代典雅的文字，借鉴中国佛教的术语[20]叙述基督教最基本的概念，如"先无而无元"（上帝自有）、"三一妙身"（三位一体）、"判十字以定四方，鼓元风而生二气，暗空易而天地开，日月运作而昼夜作"（创世论）等。由此可见，无论从景教碑上之图案，还是从碑文的内容来看，景教碑都属于中国化的基督宗教艺术品之代表作和源头。尽管不排除一些景教寺具有域外文化的风味，例如四川成都西门外的石笋，但多数已极具中国特色。此外，如可能属于最早一批基督教堂的周至大秦寺的建筑，就没有采用西方罗马式教堂的建筑样式，而是采用中国佛教庙宇的建制，其他大秦寺建筑基本上可以肯定地说具有浓郁的中国皇家佛教庙宇色彩，其中有皇帝的题额以及皇帝的画像，内壁的装饰也金碧辉煌。这方面的艺术证据也不鲜见，如西安城西关外的崇圣寺（金胜寺）就是典型的佛教寺庙风格。

元代在华景教更多呈现出东方特色。作者从艺术视角为学界勾画出景教的一般特征。其一，从元代来华方济各会士鲁布鲁克（William of Rubruck）的记述来看，在新疆海押立城的三座景教庙宇供奉的十字架，并无罗马教会

---

20 学者一般认为景教碑碑文受到佛教影响，顾卫民教授也不例外，说明景教移佛入耶，但也有学者提出该碑文受到道教影响，参见李民举：《融四照以合天构——景教碑阅读札记之一》，载《恩福》（加拿大）2003 年 10 月（第三卷第四期总 9），第 5 页。

的耶稣苦像，但有天使像、圣人像和主教像。其二，从新疆高昌古国景教寺院的壁画来看，该壁画纪念棕榈枝主日。该节于五世纪传自东部地区，八世纪末九世纪初为西部教会采纳。这说明东西部之间绝非泾渭分明的两个世界，期间也有宗教文化上的交流和吸收。其三，从新疆高昌古国景教壁画以及敦煌景教壁画来看，两处（可能）都有基督画像。其四，从新疆米兰有翼天使壁画来看，该壁画上天使的原型源自希罗，传入中亚、西亚后与古代东方基督宗教教派中的天使结合，形成结合东西方文化的古典天使壁画。综合看来，元代在华景教具有如下几个特点：其宗教象征十字架与西部罗马教会不同，是无耶稣苦像的希腊式十字架；在景教的宗教信仰和观念中，倡导天使、主教和圣像崇拜；在宗教节日上，棕榈枝主日为景教的重要节日。从东西方文化交流来看，在景教和希罗文化以及罗马教会之间依然存在着某种亲属关系。

三、第一座高峰的"阴影"与"空场"

作为第一部中国基督宗教艺术史，这本身就意味着自己在树立起一座高峰之同时，亦为自己确定了巨大的阴影和广阔的空场。无论是增加"阴影"还是填补"空场"的工作，都绝非顾氏一人之力所能及，毋宁说需要一代人甚至数代人共同建构方可形成繁盛的中国基督宗教艺术及其研究之林，从而能在世界民族之林中突现出中国文化遗产的丰富性和多元性。

该书的潜在意义或可供进一步挖掘的学术课题至少有以下几个方面：一、基督宗教在华艺术史从景教碑始就流露出本色的意味，出现了基督宗教与中国传统宗教兼容和融合的端倪，这种现象是否说明在具像领域基督宗教和中国文化之间具有更多的亲和性和相互蕴涵的可能性？二、以郎氏为典型的西洋传教士在艺术领域开始了艰辛的心灵之旅，中国传统追求"神全"意境的艺术理想如何与西方讲求再现实体之逼真感的艺术追求统一起来？基督宗教艺术和儒释道三家的艺术思想是何种关系？三、在中西艺术交流史上，正是传教士将基督宗教艺术介绍到中国，由此开始了中国传统艺术和哲学与基督宗教之间的碰撞和融合，在这一过程中传教士无疑发挥了积极的作用。如果暂时抛开"如何从整体上评价传教士的地位？"这一本质主义式追问不谈，单从唐元明清传教士对中西文化交流的积极意义来看，简单而全盘地否定传教士的作用既不尊重历史史实，也无法解释自身存在的合法性问题。在该书中有一现象值得注意，晚明传教士在中国传教之初竭力寻找古代基督宗教的遗迹，以此为自己生存的合历史性和合法性寻找依据。如果我们现在将从唐至清的传教士的历史地位否定掉或"淡而化之"，不论以什么方式，也不论出于什么目的，其直接的后果是：否定者自己又来自何处？即否定者自己也被否定。四、从"双士相遇"[21]论来看，西洋传教士肩负着独特的双重身份：被儒化的中国传统知识分子（士）以及传教士。他们自身的双重身份具有什么样的张力？他们作为传教士又是如何被儒化的？这一儒化过程在艺术上有何体现？五、以澳门为例，中国城市发展与基督宗教是什么关系？六、学界一般认为基督宗教在华传播史由"四次断裂、五个阶段"构成。这种划分固然有学理上的理由和史料上的支持，但从该书来看，这种划分有机械之嫌疑。该书只涉及前三个阶段基督宗教艺术在华的传布情况。但从当代中国的地域分布和该书的史料来看，中国基督宗教史前三个阶段的划分也不是不可商榷的。唐代景教在中原被禁，但在边陲地区流传至元代建立，元代也里可温教（景教和天主教）发展迅速，随元亡而或亡或断，因此至明朝中国才一度中断基督宗教的传播。晚明天主教入华，虽然清初禁教，但耶稣会士继续在清宫廷服务。因此，我们是否可以说中国基督宗教的传播史可以概括为"两次中断（明和"文革"[22]）、三个阶段（唐至元，明至"文革"前，"文革"后至现今）"？七、根据作者的分析，郎世宁试图将透视法贯彻到中国绘画和建筑中。由此可见，欧洲文艺复兴运动的成果通过利氏以及郎世宁等人开始了和中国文化的最初相遇和对话过程。尽管这一过程极其缓慢、低调、隐而不显，但难道不可以视为中国新文化运动的一个先导？

该书的资料尚有需要进一步补充和完善的地方。从该书涉猎的时间范围来说，该书并未收入晚清从十九世纪初至1911年的基督宗教艺术遗存。值得一提的是，清王朝灭于1911年，1807年新教入华，1807至1911年之间的新教在华传播极为迅速，其中内地会传至中国的边远地区，在这近百年的新教传播史上一定不乏相关的艺术遗存。作者可能会将这一段时间的艺术留存留在续本中，但全书并没有就此作出说明，这不能不说是作者的一个小小的疏忽。从涉猎的地域范围来说，该书尚有许多值得补充之处，如台湾的基督宗

21　参阅拙文《双士相遇与戊戌变法——论传统与现代性之间的知识分子》，载《文化中国》（加拿大）2003年（卷十第一期，2003年第一期）。

22　在严格的意义上，甚至在文革时期，中国大陆的基督教也未曾完全断绝香火。

教艺术遗存[23]在此书中阙无，元代汗八里（北京）等地的景教文物遗迹除了作者介绍的之外尚有一些遗漏，如河北涿县琉璃河山中发现的两块刻花的十字碑等。[24]再如，江苏省常熟人吴历（字渔山，1632－1718 年）为清初六大家之一，也是十七世纪杰出的画家、诗人和耶稣会士，[25]其相关绘画作品可以补充该书。值得注意的一个细节是基督教在中国的传播，不仅仅深入中原、沿海沿江城市及港澳台地区，在少数民族和边远地区更有着艰难而漫长的与少数民族文化交流的历史，其中或许并不缺乏中国本土文化与基督宗教在艺术领域的对撞、交流和融合的经验和艺术品。从涉猎的教派来说，基督宗教在中国的主要派别不仅仅限于景教和天主教，也包括东正教以及新教各种派别。自清代，东正教传入中国，虽然主要限于在俄裔中传播，但必会留下遗存，著名的有建于 1695 年的北京圣尼古拉教堂。但作者没有将东正教的相关艺术遗存收录于此，甚至没有提到东正教。另外，自明代新教已入台湾地区，也会留下一定的艺术遗存。这里出现疏漏的原因恐怕出于作者自己收集资料的能力有限，无法或未涉猎到少数民族地区以及东正教在华的艺术遗存，也有可能出于这一时期少数民族地区以及东正教的艺术遗存较为少见的缘故。无论出于作者自身的局限性还是文本的有限性，我们盼望能够在未来的新版本和续篇中将这些被遗忘的基督宗教"家族"成员的艺术遗存收录进来，中国基督宗教艺术史也会因为更具东方特色的中国少数民族和拜占庭艺术而更显多元化和丰富性。

（延伸阅读：顾卫民：《近代中国基督宗教艺术发展史》，香港：道风山基督教丛林，2005 年。）

---

23 例如，台北的世界宗教博物馆收藏有十八世纪的木刻加彩的圣尼古拉像。有关资料可以参阅该博物馆的网站：http://www.mwr.org.tw。

24 陈月清、刘明翰：《北京基督教发展述略》，北京：首都师范大学出版社，1998 年，第 32 页。

25 2003 年 11 月 26 至 29 日，澳门利氏学社曾举办 2003 年度研讨会"文化、艺术、宗教——吴历（1632－1718 年）及其心路"。相关材料参见澳门利氏学社网址：http://www.riccimac.org/symposium2003/psgb.htm。关于吴历的生平参阅章文钦：《澳门历史文化》，北京：中华书局，1999 年，第 78 页，以及书中《吴渔山天学诗研究》、《吴渔山的澳门诗》等两篇文章。

第二编　圣经正典与社会人生

第三章 苦难的奥秘：非道远人，乃人远道——简评杨腓力的《无语问上帝》

（美）杨腓力（Philip Yancey）：《无语问上帝》（*Disappointment with God*），白陈毓华译，台湾：校园书房出版社，1992 年 3 月第 1 版。

（美）杨腓力：《无语问上帝》，白陈毓华译，
北京：新世界出版社，2009 年第 1 版。

一、投向上帝的手榴弹

禀气含灵的人（创世记 2：7），贵为上帝的形象（创世记 1：26－27），信者甚而贵为上帝的儿女，但在有限的此岸生命中，不得不经历诸般苦厄而终归为初始而来的尘土，正如经上所说，人，本自尘土，又复归为尘土（创世记 3：19；诗篇 104：29，等）。

——古今往来，多少人发出这样的感叹：苦而短的今生经历今生的苦而短！

无论是信者，还是非信者，在亲历或耳闻目睹人世间的邪恶和苦痛之际，或拍案而起，或隐忍而泣，或含怒质问：上帝，你如果真的存在，真的爱世人，为什么要让邪恶、痛苦嚣张于世？为什么你在眨眼之间即可成就的事，要留给我们慢慢熏蒸、熬炼？为什么要迟延终结罪恶、痛苦的时间表？为什么……

继而会心生绝望，连环抛出一个一个的问题，将带着泪水、质疑甚至愤恨的问号化作手榴弹投向上帝：

——上帝公平吗？有人尝试跟随上帝，但结果落魄不堪，根本与上帝应许的赏赐与快乐无缘。相反，公然否认上帝的人反倒活得潇洒自如。"恶人兴隆"（诗篇73：3）无疑是基督教信仰不得不面临的一大绊脚石。

——上帝为何沉默？如果你就学业、工作、爱情、婚姻、健康，曾求问上帝赐予清楚的引导，但每次当你以为明白上帝的旨意时，所做的抉择都是错的；如果上帝是一位父亲，那么，"这是个什么样的父亲嘛！难道他就是那么喜欢看我一败涂地？人家告诉我他很爱我，而且对我的生命有最好的计划，那么他为什么不告诉我他的计划是什么？"

——上帝是不是喜欢隐藏自己？他怎么不出来证明一下他自己？即使人有心寻找上帝，上帝却好像故意捉迷藏似的，"掩面不顾"（参见申命记31：17、18、20；约伯记13：24；诗篇11：10，13：1，22：24，27：9等），一点也不现身说法。

这些赤裸裸的真实难题如同日出日落与人生时刻相伴，让你我不得不一生面对，甚至尊为神子的耶稣基督在各各他山上发出的十架七言中也流露出大卫曾经追问的难题：

"我的上帝！我的上帝！你为什么离弃我？"（诗篇 22：1；马太福音27：46；马可福音15：34）

二、对上帝绝望

的的确确，对信者，甚至对非信者，他或她在直面人生的真相之际，会驱智而寻求三个彼此关联的问题："上帝为何对人不公？为何对人缄默？为何对人隐藏不露？"

深陷苦痛之信者，无论是学业不顺、工作不遂、爱情不利、谋财不畅、身体不壮，对这三个难题恒切于怀。

如若深思，这三个难题还可以表述为：为什么上帝让苦难临到我身上？在苦难中，为什么上帝对我的祈求不闻不问？为什么上帝不愿伸出哪怕一根小指头来助佑我？这些问号常常让信者跌倒、哲人迷惑、不信者幸灾乐祸。

杨腓力在本书的开始直陈这些问题或苦痛的经历，将之归结为一个大胆、似乎渎神的短语：对上帝绝望（disappointment with God）。这就是本书《无语问上帝》的英文版书名。中文书名采取意译，取意为：人对上帝彻底绝望，以至于无语，或因失去信心而转身离去，或因失望透顶而哑口无言，或因上帝的沉默与患难中人的热切祈祷之间的巨大落差而目瞪口呆……

杨腓力提出这种约伯式的难题，要将我们带到何处？信仰的沙漠还是另外一座挪亚方舟？

三、圣经与苦难

杨腓力提出此难题并非心血来潮。

他对此一直不能释怀，其中缘由，既出自他曾经对他人的此类经历似乎无能为力的挫败感，更出于自身的儿时经历——虽已忘记，一旦唤起，又如何对曾经的父爱不萦萦于怀？

为此他利用暇余，如同远古时代埃及的沙漠修士隐遁小屋，披览诸种犹太－基督教典籍，其中涉及圣经、古代教父、犹太哲人、当代基督教学术大师，其中不乏奥古斯丁、布耶赫那（Frederick Buechner，1926－）、柴斯特顿（Gilbert Keith Chesterton，1874－1936 年）、艾略特（Thomas Stearns Eliot，1888－1965 年）、鲁益师（Clive Staples Lewis，又译"路易斯"，1898－1963 年）、莫尔特曼（Jürgen Moltmann，1926－）、帕斯卡尔（Blaise Pascal，1623－1662 年）、海舍尔（A. J. Heschel，1907－1972 年）等大师，志在以基督教的圣经正典为基础，从中引幽探微，应对当代人身临其中的困惑。

在这本畅销书中，杨腓力或以圣经为佐证，证明上帝始终与人同在，先自行神迹，后差派先知传递话语，乃至差遣自己的独生子降生受死复活，以无罪的肉身担当世人的罪恶与苦痛，破除上帝与人之间罪的疏离，恢复上帝与人之间的和好关系（第 1－20 章），或以约伯为个案，深入探讨苦难对于人生和属灵世界的意义，将我们追问苦难的原因转向思考苦难的目的，将我们追问的视角从暂时的此岸转向公义的天家（第 21－29 章），或以自己的亲身经历为鲜活的证据，说明苦难中的人可以经历上帝的怜恤（第 30 章）。上自圣经中的典范，下及以身说教，但有益于证道护教，杨腓力皆略取要法，删弃繁芜，采英嚼华，分为上下两卷，总计 30 章，呈现在读者面前。

全书一气呵成，脉络清楚，以生动流畅的语言论证深奥的神学难题，落笔简明扼要，让笔者爱不释手，连夜挑灯读完，心中多有斩获。杨腓力的灵感肆意汪洋，往往在生花的笔下给我们带来诸多属灵的亮光。

四、上帝的自隐与公义

从全书来看，杨腓力在回答上述三个问题上实际上先将后两个问题归为一个著名的神学问题即"上帝的自隐"，在上卷中予以集中回答，后在下卷中回应第一个神学问题即"上帝的公义"。

上卷以圣经为基础，从一体三位的上帝在历史中的临在及其与人类之间的亲密关系佐证三一之上帝乃经世之上帝，与人共在，如同人间父母与自己的子女一样共同经历成长中的烦恼与苦痛，以不同的方式彰显自己的荣耀、启示和关怀。

杨腓力以圣经中出现的三座"殿"的形象，描述上帝彰显自身、救赎罪人、启示真理的过程。第一座殿是所罗门王所建造的雄伟的圣殿，后来由希律王重建，父神耶和华居于至圣所；第二座殿是耶稣的身体，作为子的上帝谦卑自己取了人的形象；而第三座殿就是以人所形塑而成的殿，圣灵居于其中。上帝就是以圣父、圣子、圣灵三种位格显明他自己，临在于他创造的世界。

纵观整本圣经历史，乃至圣经视野中的人类历史，从圣父对希伯来人如父亲般呵护，到圣子耶稣降卑屈就而非高高在上，教导人认识上帝的旨意，到圣灵充满基督徒，在人类历史之瞬间长河中，从创世记到启示录，从世界的形成，到世界的末了，上帝一一真实地成就了他的临在。

从圣经正典的两个组成部分之间的关系来看，旧约让人看见：当上帝是什么滋味，而新约则记载：上帝在学着了解当一个人是什么滋味。新约中的上帝向我们表明，基督教信仰中的上帝不但知道痛苦，并且与人分担痛苦。

下卷则主要以约伯为典范探讨上帝的公义问题，并以个人生命的转变为结。

杨腓力对约伯记的解读多有出彩之笔。他反驳不少解经家和普通读者的观点，认为全卷的目的不在于追问苦难的原因：痛苦时上帝在哪里？全卷的主题在于信心或苦难的目的或意义：痛苦时约伯在哪里？约伯会有什么反应？进言之，人在世的苦难对永恒的国度有何意义？要想了解约伯记，须以此为起点。

若从信心来看约伯记，一个人的生命的意义不在于财富之丰薄、寿命之长短、儿女之多寡，而在于信心之有无、大小，在于荣耀天国与否，在于名字忝列生命册与否。

个体生命虽苦而短，但是因为成为信心的战场，而具备极重的分量。约伯记让人确信一件事：人对试炼的反应如何，关系重大；个人的信心紧紧牵连在宇宙历史中。

从约伯记全卷来看，人类难以释怀的难题"为什么受苦？"，圣经并没有提供令人满意的答案，取而代之的是另一个问题："到底这一切的目的何在？"从追问原因到追问目的的跨越，为我们思考人生的意义提供了新的价值坐标。

若将旧约和新约作综合的认识，上帝对不公难题的解答，不是使用言语，而是采用道成肉身、亲身造访的方式。耶稣用血肉之躯，穿上身体的外貌，在物质现实中展现它最不公的地方，来说明上帝对不公有何感受。耶稣基督自己为上帝的良善问题提供了最终极的答案。

圣经清楚地指出，道成肉身对上帝、对人的意义。这是他与人认同的惟一道路。上帝是灵，无法被物质世界所限制，也无法经历肉身的软弱，更无法经验恼人的痛觉细胞发出的警告。但耶稣一来，就完全改观，他体验过身为人的滋味，从出生时的流血与痛楚，到死亡时的流血与痛楚，他一一尝遍。

——基督的出生与十架受死一方面显明上帝与人共同经历苦难，并胜过恶者，但没有胜过不公。正是基于这个事实，所以复活才有必要。

——基督教追求的信心，不仅离不开爱上帝爱人，也离不开对天国、新天新地的盼望。因为只有当那一天，上帝把一切物质现实重新归回在他的管理之下，"不公"才会全然消逝。

——对怀疑上帝、现在对上帝失望的人，圣经提供两个线索：回忆过去，想想未来。圣经在五经、先知书、诗篇、福音书、使徒书信中一再提醒人，要回顾记念上帝在过去所做的事：他是亚伯拉罕、以撒、雅各的上帝，是使希伯来人出埃及并从奴役中得释放的上帝，是出乎爱差遣他的儿子为世人而死又从死里复活的上帝。人如果只短视、专注在人现在要上帝为我做事，就会失去上帝已经为人所做的事以及其中蕴涵的奥义。

同样，圣经也对人指向未来。对上帝失望的人，无论来自何处，先知们预见未来一定有和平、公正、喜乐，并且呼吁人要在这种盼望的光景中生活。我们如今虽然被时间的帘子蒙蔽，是否可以仍然认为上帝是慈爱、满有恩典怜悯、又有大能的上帝并凭此信念而活着？答案不言而喻是肯定的。人类历史不是被过去和现在所定规，而是取决于未来——基督再来以及审判后的新耶路撒冷。

……

　　杨腓力以多彩的文学笔调将一个一个艰涩深奥的神学问题勾画出来。以浅白、通俗的语言讲明哲学－神学问题向来属大家的手笔；在这一点上，我们不得不佩服杨腓力的文采和运思。

五、双重角度看苦难

　　信仰追寻者常常希望幻灭、期待落空、感觉受骗；绝大部分人对上帝的失望，正来自对基督徒的失望，来自基督徒在经历上述各种难题时的失败。

　　对于不相信任何神灵存在的人，他们不太会对上帝失望。因为对上帝没什么期望，也就无失望可言。但是，对把自己生命交托给上帝的人而言，自然而然会想从上帝那里得到回报，难道这种期待是一项错误？

　　杨腓力撰写此书，坦诚面对基督教自诞生以降一直面临的问题：社会不公，祷告未蒙应允，身体得不着医治，数不清的不公事件……他不回避这种棘手的问题，这既是一种良知的体现，也是一种信心的落实。

　　在《无语问上帝》中，杨腓力从圣经出发，从上帝与人的双重角度给我们提供了一个较为完整的答案。这种由圣经生发出来的神学和人学彻底颠倒了二十一世纪之交流行的成功神学——若信，则必得属世的赏赐，若不得属世的赏赐，则必不信或小信。若这是一种"神"学，这正是化妆为上帝的"撒旦"学！（参见约伯记第1－2章）

　　如果说《无语问上帝》的上卷从上帝的角度来回应人类的难题：上帝的目的不是以神迹来扫除我们的疑惑，而是渴盼与世人和好，向世人表达爱，也被世人所爱，那么，下卷则从人的角度回应人类的难题：人生的目的不在于家道之丰寡、年岁之寿夭，而在于对上帝的信心、对永生的盼望、对上帝对人的爱。

　　上帝与人的角度在耶稣基督身上相交：耶稣基督的出生受死复活解答了人对上帝失望的难题，借着对耶稣基督的信心，人可以直接来觐见上帝，不再需要借用人间的任何中保，因为上帝自己已成为中保。藉着耶稣基督之光，人凭着信心的醴泉、怀着盼望的玉浆、带着爱心的甘露，进入已然未然的天国华池，预先品尝复活与永生的滋味。

　　从约翰神学来看，道不远人，道甚至已成为人。对人而言，道为生命之要，但人是否远道？人常失道，逮道反神，非道失人；人常去道，妄行失纪，非道去人。人在苦难和罪恶的泥沼中何以迁罪于神呢？

职是之故，信者，慎勿失道，须恒常守道；道不曾失人，道与人同在，而人与道相遇，乃生命的大意义之所在。

（延伸阅读：C.S.路易斯：《痛苦的奥秘》，林菡译，上海：华东师范大学出版社，2007年。）

第四章　古诗新韵：上行之诗及其后现代意义——评《天路客的行囊》

（美）毕德生（Eugene H. Peterson）：《天路客的行囊——恒久专一的顺服》（*A Long Obedience in the Same Direction: Discipleship in an Instant Society*），郭秀娟译，台湾：校园书房出版社，2004 年。

毕德生：《天路客的行囊》，郭秀娟译，南京：南京大学出版社，2009 年。

　　圣经中的诗篇是古希伯来人对世界文明的贡献之一，是人类文学中的一块瑰宝。它们以独特的意象或比喻表达了耶和华的选民曾经的宗教生活图景和思想，关乎个体和群体的日常生活中的方方面面，涉及悔改、哀悼、感恩、赞美、登基、王室、锡安、智慧、信靠、礼拜仪式、律法等等。

　　心细的读者在阅读诗篇的时候，会发现其中的第 120－134 篇独具一格，均附有小标题"上行之诗"（A Song of Ascents），形成相对独立完整的一部诗集。这是何意呢？

一、古诗集：上行之诗

　　对于"上行之诗"的缘起，自古以来众说纷纭。归纳起来，大概存在以下四种观点。其一，从犹太教经典《密西拿》（Mishna）的记载来看，在耶路撒冷圣殿中，从女院到以色列院共有十五个阶梯，对应十五篇上行之诗，利未人通常站在那里咏唱这些诗歌，有一步一歌之意。其二，也有人认为"上行"的原意是"向上走"，故上行之诗描写的是以色列民众在三大节期期间上耶路撒冷圣城之时，一路上合唱之歌。其三，也有学者认为"上行"形容被掳后从巴比伦归回耶路撒冷的情况，这些诗为以色列人在大回归行动时所咏唱。其四，还有一说认为"上行"是指日晷上升之度数，是希西家王生病将死，祷告蒙救，神使日影退十度，加增希西家王十五年寿命（参见列王纪下第 20 章），希西家因感恩而写了十首诗歌，加上大卫王四首、所罗门王一首而成，目的乃为记念延长的十五年寿命。

尽管对"上行之诗"缘起的评断莫衷一是，但是，我们若从诗歌本身略加分析，就会明白它可能的过去。

首先，从词源来分析，作为名词的"上行"的希伯来文词根的涵义是"向上走"，例如诗篇 122：4 说及"众支派，就是耶和华的支派，都上那里去"（引自新译本，本章下同），其中的"上"就取此词，而旧约传统向来有众支派定期上耶路撒冷朝圣的规定（参见申命记 16：16；列王纪上 12：28；诗篇 24：3；以赛亚书 2：3 等）。作为名词的"上行"也有"台阶"、"阶梯"之意，在旧约其他经文中指圣殿中的台阶（例如以西结书 40：6）以及大卫城的台阶（例如尼希米记 3：15，12：37）。

其次，十五首上行之诗不断提及耶路撒冷和锡安，见于第 122、125－126、128－129、132－134 篇，在行文中还不断以单数或复数形式提及以色列百姓或以色列民，表明这些诗歌为个体或群体所咏唱。例如，其中有邀请百姓作回应（124：1；129：1；130：7；131：3）、信仰宣告（121：2；124：8；134：3）、祝福（125：5；128：5－6；134：3）。

第三，从整个上行之诗来看，诗集的开始和结束出现了地理空间上的变化：从耶路撒冷以外之地达到以及随后离开圣城。120：5 提及米设和基达，这两处地点相距甚远，前者为极北处的大平原居民（以西结书 39：1、2），后者为以色列东南邻居阿拉伯人的居住地，此处并列放在一起，可代表外邦世界。第一篇上行之诗表达了住在外邦人或仇敌当中的以色列人的思乡情怀；第 121 首描述了上行的艰苦：朝圣者从远处向群山举目（121：1），一路会出现"滑倒"、"打盹"（121：3－4），还会出现白天太阳的伤害、夜里月亮的伤害（121：5－6），以及"出"、"入"（121：8）；第 122 篇通篇喜悦的语调，表达朝圣者刚刚抵达目的地的欢畅与快乐；于最后几篇我们可以看到约柜、祭司及圣殿的仆役；而第 134 篇可以视为朝圣者离开圣城时的祝愿。概言之，上行之诗从遥远之地开始，既表达了朝觐者的行路和心路历程，也可以邀约读者一起加入这批朝圣者的行伍，与他们一同出发，经过概略的行程架构，于 122 篇抵达耶路撒冷，于 134 篇以怀着赞美之情依依惜别。

第四，上行之诗不断提及日常琐事，例如居住的地点（120：5－6）、行程上的活动（121：8；127：2；128：2）、妻子和儿女在朝拜生活中的重要作用（128：3－4）以及大家庭中的兄弟和朋友（122：8；133：1），所有这些清楚地表明这些诗歌为朝圣的普通以色列人所咏唱。与此同时，这些诗歌提及以色列民族（第 123－126、130－132、134 篇）指明这些朝圣的以色列人虽然来自五湖四海，但是在超越个人和家庭的对耶和华的忠贞情怀下团聚在一起，共同欢聚，共同庆祝重大的节期。

从以上分析来看，我们可以较为确定地认为，"上行之诗"实质上是"朝圣之诗"，不论这种朝圣是发生在巴比伦流放之前，还是在此之后，它们以朝拜耶和华为意象，表达了古以色列人对耶和华的不懈追求和赞美之情。这些诗歌属于大赞美诗（第 120－136 篇）的一部分，在诗歌风格上具有短小精悍之特点（除了第 132 篇），易于普通人记忆和颂唱。

二、后现代处境

这些朝圣之诗距离我们所处的所谓后现代时代有两千多年的历史，它们对当今世界有无相关性？

对于这个问题，我们先从基督教传统和身边发生的故事说起。

从基督教传统来看，大凡基督徒的人生可以归结为两次生命：第一次是从母腹而来的出生，第二次是从圣灵而来的出生。相对于第一次呱呱坠地，第二次的出生就是"重生"（约翰福音 3：3；提多书 3：5；彼得前书 1：3，1：23 等）。基督徒一旦因着恩典、藉着信心而悔改得重生，就开始了门徒之旅、朝圣之旅：日日追随主耶稣基督，在其门下操练信心，追求成圣，迈步走向新耶路撒冷，不论一路是"黎巴嫩山流下来的溪水"（雅歌 4：15），还是"狮子洞"、"豹子山"（雅歌 4：8）。基督徒的门徒之旅、朝圣之旅将过去的旧我抛在身后，与众圣徒一起奔向天国，朝觐耶和华容美的圣殿。

这是一幅多么美好壮观、激动人心的图景啊！正是这种宗教思想上的一脉相承，上行之诗在基督教传统和现实中占据着重要的地位。

但是，经常有人向我询问同一个神学问题，不论他或她是否是基督徒，涉及门徒之旅、朝圣之旅最终的结果：

"古今中外，世上有这么多的基督徒，未来的天国能否容纳得下？"

我的回答将问题抛给朝圣的门徒们：

"全能的神出于爱创造出无垠而美丽的宇宙，何况安置归根结底人数有限的基督徒？我们所要担心的问题不是这个，而是：有几人能进得了天国？"

耶稣在福音书中曾经以道德教导的方式点明了这个问题："你们当进窄门，因为引到灭亡的门是宽的，路是大的，进去的人也多；但引到生命的门是窄的，路是小的，找着的人也少"（马太福音 7：13－14，参阅路加福音 13：24）。所以，从古至今，虽然我们不能从事实上判断到底有多少所谓的基督徒已经或必将进入天国——进天国的主权掌握在神的手中，但是，我们可以从经文中作出一个不会错谬的判断：选择宽门大路的人远远比选择窄门小路的人多。"有几人能进得了天国？"的发问就不是杞人忧天（国）了。

那么，所谓重生的基督徒又有多少人能忍耐坚持到底，可以完全，毫无缺乏（雅各书 1：4）？有几人可以抵达至高的父圣耶和华的施恩宝座前呢？

这是世世代代的基督徒不得不直面的难题和挑战。在这个后现代时代，人们追求的时尚是反绝对真理、反崇高、反一切的神圣，以速度和效率为至高尺度，朝圣者身上流露出的那种恒久的顺服、忍耐、坚定和笃定的信心又有谁会欣赏呢？上述难题在我们的当下生活中变得尤为凸出、尖锐和紧迫！

圣经告诉我们，窄门小路只有一条——经由耶稣基督的十架救恩达及神人的和好，而不同的时代所面临的宽门大路名目繁多、不尽相同，充满诱惑。

首先，从我们自身的经历来说，笔者之所以作出上述回答，实际上是基于我个人对当代中国大陆现实生活中的基督徒现状的观察。从数量上看，基督徒人数在一定程度上逐步增加，但是在我们周围普遍存在三化现象：农村基督教空壳化，城市基督教世俗化，传道萎缩化。此三化现象以直接经验的方式印证了耶稣的话语。而三化现象本身仅仅是当代人追求现代化导致的外在结果，是世界给人设立的新的诱惑或试探：现代化的发展导致人口城市化，民工浪潮在为城市发展输送血液的同时，农村的活力大为下降；由钢筋水泥构筑的城市丛林生活的法则是以最大的效率获得最大的物质利益，城市生活的压力让生活其中的人（基督徒也不例外）为衣食住行而奔波，而巨大的生活压力和物质生活的诉求甚至让不少立志传道的人望而却步。

其结果是，星期日基督徒（Sunday Christians）大有人在：仅仅在主日到教堂做礼拜，做完礼拜（如同上了一堂集训课程），马上又和世界不分彼此。主日崇拜成为一种仪式、基督徒身份的惟一证明、一种基督徒心理亏欠的补偿。除此之外，所剩余下的全部时间留给世界。这种灵命贫乏的现象还可以透过基督徒喜欢追求特别有恩赐的讲道来得到进一步的佐证。大家忙忙碌碌，热衷于到处听道，虽不乏追求真道的热心，但是这种赶场子似的听道大多数情况下不过是在接受一场又一场所谓的"灵浴"（spiritual shower）——世上的愁苦、失败、病痛等等借助一次又一次的布道冲刷掉，如同辛劳后洗上一把热水澡，贫弱的灵命似乎得到充电，又可以精力百倍地投入到赚世界的活动中去。

但是，在这个以速度、效率为圭臬的后现代世界中，我们和神之间的关系究竟何如？我们自己究竟是谁？——速效、万变的世界让我们自身的身份变得模糊。

三、"凡尘中的旷野修士"

进而我们放眼世界，欧美世界的基督教的境况也不容乐观。素有"牧者中的牧者"之美誉的尤金·H.毕德生（Eugene H. Peterson，1932 年－）对此并不陌生。在笔者介绍他的这本著作之前，先花费笔墨对作者有所引介并非毫无必要，尽管对于欧美乃至英语世界而言，毕德生以教牧和灵修著作闻名，但是对我们大多数汉语读者来说，这位"凡尘中的旷野修士"还是一个陌生的名字。

毕德生于 1932 年 11 月 6 日，出生于美国华盛顿州（Washington）的东斯坦伍德（East Stanwood），后随家人迁居于蒙大拿州（Montana）的卡利斯培尔（Kalispell）。至今，毕德生已经著述等身，总计 30 多本，集牧师、学者、作家、诗人等身份于一身。他先后获得西雅图太平洋大学（Seattle Pacific University）的哲学学士学位、纽约神学院（New York Theological Seminary）的神学学士学位、约翰·霍普金斯大学（Johns Hopkins University）的闪米特语硕士学位。1962 年，他自己在马里兰州（Maryland）的贝尔埃尔（Bel Air）创建基督乃吾君王长老会（Christ Our King Presbyterian Church，位于巴尔的摩郊区），并担任牧师职位长达 29 年之久，直至 1991 年退休，该教会约有五百位会众；后在加拿大温哥华的维真学院（Regent College）担任灵修神学名誉教授（Professor Emeritus of Spiritual Theology），直至 2006 年退休。从他的教牧和教学生涯来看，现今（2014 年）已八十二岁的他，主要从事的工作还是牧会。他个人的这种经历决定了他的著述基本上"出自教会"、"为了教会"、"针对教会"，处理教会中的灵修问题。如今他回到家乡蒙大拿州居住，但仍怀有牧者的心肠，深深关切教会生活。他与傅士德（Richard J. Foster，1942－）并列为北美两大深具影响力的灵修作家，被誉为"凡尘中的旷野修士"。

从学者以及学术地位上看，毕德生的主要贡献是从原文翻译圣经，采取意译法，运用当代百姓耳熟能详的英语翻译全本圣经并出版。该圣经就是颇为闻名并影响深远的"信息版圣经"，全称为《信息：当代英文圣经》（*The Message: The Bible in Contemporary Language*）（Navpress Publishing Group，2002），荣获美国图书金奖（Gold Medallion Book Award）。实际上，毕德生真正出名以及奠定他自己学术地位的就是这本圣经意译本。

从作家身份和教牧影响来看，毕德生在"信息版圣经"面世以前，已经著作等身。他的著作对于今日牧师和平信徒的灵命更新，具有一定的带领作用。为帮助中国读者了解毕德生，我们这里列出他的主要著作以及海外中文出版情况，有兴趣的读者可以找到后细细品味：

著作

- *A Long Obedience in the Same Direction: Discipleship in an Instant Society* (1980)。中文译本为《天路客的行囊——恒久专一的顺服》，郭秀娟译，台湾：校园书房出版社，2004 年；该译本为 1985 年台湾校园书房出版的中译本《灵命更新礼赞》的修订版。原书全名为《恒久专一的顺服：如何在瞬息万变的社会中做基督的门徒》。

- *Run With the Horses: The Quest for Life at its Best* (InterVarsity Press, November 1983)。中文译本为《与马同跑——寻求真善美的人生》，张秀兰译，台湾：中国主日学协会，1987 年。大陆中文简体版为《与马同跑——耶利米的非凡人生》，张秀兰译，江苏：南京大学出版社，2009 年。

- *Traveling Light: Modern Meditations on St. Paul's Letter of Freedom* (Helmers & Howard Publishing, 1988)。

- *Reversed Thunder: The Revelation of John and the Praying Imagination* (Harper Collins Publishers, 1988)。

- *Answering God: The Psalms as Tools for Prayer* (Harper San Francisco, 1991 reprint)。中文译本为《回应上帝：用诗篇祷告》，廖金源译，香港：天道书楼，2006 年。

- *Where Your Treasure Is: Psalms that Summon You from Self to Community* (Wm. B. Eerdman Publishing Company, 1993)。中文译本为《重拾无私的祷告祭坛》，何伟祺译，台湾：以琳书房，2001 年。

- *Like Dew Your Youth: Growing Up with Your Teenager* (Wm. B. Eerdmans Publishing Company, 1994)。中文译本为《希奇满我家》，何咏霓译，台湾：友友文化事业，2003 年。另外中文简体版本为《清晨的甘露：与青少年一起成长》，何咏霓译，北京：新世界出版社，2010 年。

- *Subversive Spirituality* (Wm. B. Eerdmans Publish Publishing Group, 1994, reprinted in 1997 and 2006)。

- *Take and Read: Spiritual Reading, An Annotated List* (Eerdmans-Regent College Publishing, 1996)。

- *Leap Over a Wall: Earthy Spirituality for Everyday Christians* (Harper Collins Canada / Religious, 1997)。中文译本为《俗世圣徒——平凡人的灵性生活》，汇思译，香港：天道书楼，2001 年。另外中文简体版为《跳过墙垣——俗世圣徒大卫》，汇恩译，南京：南京大学出版社，2009 年。

- *1 and 2 Samuel-Westminster Bible Companion* (Westminster John Knox Press, 1999)。

- *The Wisdom of Each Other: A Conversation Between Spiritual Friends* (Zondervan, 2001)。中文译本为《挚人智语》，徐成德译，台湾：校园书房出版社，1999 年。

- *The Message: The Bible in Contemporary Language* (Navpress Publishing Group, 2002)。

- *The Christmas Troll* (Navpress Publishing Group, 2005)。

- *Living the Resurrection: The Risen Christ in an Everyday Life* (Navpress Publishing Group, 2006)。

- *The Message of Leadership: 31 Essential Insights from Proverbs* (NavPress, 2007)，与 Daniel Southern 合作。中文译本为《读箴言・学

领导——犹太领导智慧》，龚嘉慧译，台湾：天道书楼，1997 年。

- *My First Message: A Devotional Bible for Kids* (NAV Press, 2007)。中文译本为《童来灵修圣经（中英对照）》，吴丽恒译，香港：天道书楼，2007 年。

教牧神学系列

- *Five Smooth Stones for Pastoral Work* (Wm. B. Eerdmans Publishing Company, 1980)。中文译本为《全备关怀的牧养之道》，以琳编译，台湾：以琳书房，2002 年。

- *The Contemplative Pastor: Returning to the Art of Spiritual Direction* (Wm. B. Eerdmans Publishing Company, 1980)。中文译本为《返璞归真的牧养艺术》，游紫云译，台湾：以琳书房，1999 年。

- *Working The Angles: The Shape of Pastoral Integrity* (Wm. B. Eerdmans Publishing Company, May 1987)，中文译本为《建造生命的牧养真谛》，郭梅瑛译，台湾：以琳书房，2000 年。

- *Under the Unpredictable Plant: An Exploration in Vocational Holiness* (Wm. B. Eerdmans Publishing Company, 1992)。中文译本为《追寻呼召的探索之旅》，孙秀惠译，台湾：以琳书房，1996 年。

- *The Unnecessary Pastor: Rediscovering the Call* (co-authored with Marva Dawn) (Wm. B. Eerdmans Publishing Company, 2000)。

- *Living the Message: Daily Help for Living the God-Centered Life* (Baker & Taylor Books, 2007)。中文译本为《天天活出神的话》，顾琼华译，台湾：校园书房出版社，1996 年。

与圣经一起祷告系列

- *Praying with Jesus: A Year of Daily Prayer and Reflection on the Words and Actions of Jesus* (Harper San Francisco, 1993)。中文译本为《听主微声：与耶稣一同祷告》，徐成德译，台湾：校园书房出版社，1996 年。

- *Praying with the Psalms: A Year of Daily Prayer and Reflection on the Words of David* (Harper San Francisco, 1993)。中文译本为《诗情祷语——与诗篇一起祷告》，张玫珊译，台湾：校园书房出版社，2000 年。

- *Praying with Moses: A Year of Daily Prayers and Reflections on the Words and Actions of Moses* (Harper San Francisco, 1994)。

· *Praying with the Early Christians: A Year of Daily Prayers and Reflections on the Words of the Early Christians* (Harper San Francisco, 1994)。

· *Praying with Paul: A Year of Daily Prayers and Reflections on the Words and Actions of Paul* (Harper San Francisco, 1995)。

· *Praying with the Prophets: A Year of Daily Prayers and Reflections on the Words and Actions of the Prophets* (Harper San Francisco, 1995)。

灵修神学系列（计划出版 5 卷）

· *Christ Plays in Ten Thousand Places: A Conversation in Spiritual Theology* (Wm. B. Eerdmans Publishing Group, 2005)。

· *Eat This Book: A Conversation in the Art of Spiritual Reading* (Wm. B. Eerdmans Publishing, January 2006)。中文译本为《圣经好好吃》，吴蔓玲译，台湾：校园书房出版社，1997 年。

· *The Jesus Way: A Conversation on the Ways That Jesus Is the Way* (Wm. B. Eerdmans Publishing Group, 2007)。

· *Tell It Slant: A Conversation on the Language of Jesus in His Stories and Prayers* (Wm. B. Eerdmans Publishing Group, 2008)。

其中的《全备关怀的牧养之道》（以琳）、《与马同跑》（中国主日学协会）、《天路客的行囊》（校园）、《返璞归真的牧养艺术》（以琳）等已经译为中文，并在大陆或／和海外出版，对海内外华人及其教会具有一定的影响力，属于"长销"书籍。

毕德生的教牧和灵修著作立足于美国基督教的现状，大胆掀开美国基督教中普遍存在的问题，如同揭开疮疤一样，将它们一览无遗地显露出来，在针砭问题的同时，立足于圣经，为美国基督教乃至美国社会提供了振奋人心的解决方法，进而对中国读者也有一定的参考价值。

毕德生的新作《基督翱翔千百场合间：灵修神学对话录》（*Christ Plays in Ten Thousand Places: A Conversation in Spiritual Theology*）在其一生中占据独特的地位。该书列为灵修神学丛书中。该丛书预计出版五册系列作品，此为其中的第一本。毕德生在书中系统化地将他近三十年来所思考的主题，一并提出讨论。这些主题涉及灵命的形成、圣经、领导、教会、牧养、属灵方向等，其中关于灵修神学的精彩论述，结合敏锐的文化分析与解经，切中当代基督徒生活中的症结，提出全面并吸引人的观点。实际上此书是他毕生思想和教牧实践的总结。如果读者有兴趣的话，先从此书入手，再回过头来阅读他以前的作品，一定会对他有更为全面、深刻的了解和把握。

四、古诗新韵

他在《天路客的行囊》的"二十周年序言"和"第一章做门徒：高唱天路之歌"中以切身的经验向我们描绘了当代处于"后现代主义"浪潮席卷下的西方世界基督教的信仰生态图景。

在该书中，毕德生开宗明义，直陈当代基督教的症结：当代世界，如同过往的世界一样对恩典不感兴趣。世界又千变万化，在每一个世代设计不同的样子、面貌、花样来诱惑人。所以，"要一个罪人辨识出世界的诱惑，其难度如同要求鱼儿察觉水中的污染。"（本章以下引文均出自该书。）在这个物质主义、消费主义、享乐主义甚嚣尘上的世界中，基督徒面临各种新招术，而"快餐文化"及其世界观、价值观让基督徒中毒最深。人们相信，凡是值得获取的东西都能立刻被取得；凡认定一件事可行，就一定可以快速地有效达成。概言之，一切均须垂手可得，欲速而达。反之，不合乎此标准的一切均毫无价值。面对信仰，当代基督徒也是如此。不少人对信仰产生兴趣，但是，一旦要他或她花费一生一世"全心、全性、全力爱耶和华你的神"（申命记 6：5 等），则对信仰望而却步，甚至知难而退，或弃如蔽履。所以，毕德生感慨道："在我们的文化中，有无数的人决志接受主，但是折损率却相当惊人。许多人都宣称自己是重生的基督徒，然而真正拥有成熟灵命的人却很少。"不少基督徒已经被当代快餐文化所俘获，在有意或无意之中让信仰成为快餐文化，并在慢性中毒中自得其乐。

概而言之，在这个瞬息变化的世界中，至少有以下两种基督徒成为普遍的类型：

其一，"顾客式信徒"。信仰被商业化，传道者要速速传递福音，而信道者要速速获得福音的益处，甚至有关神的讯息，也一定要加以包装才卖得出去；然而一旦失去对福音的新奇感，福音就会被丢在垃圾堆里。毕德生一针见血地指出："在我们的世界里，宗教经验有很大的市场；但是却很少人渴望那些讲求耐性才能培养出的高尚品德，没什么人乐于像学徒一般，追求早期年代的基督徒所谓的圣洁。"不少基督徒不愿意做顺服而默默无闻的学徒，渴望自己成为顾客，自己选择信仰，甚至自己购买信仰，并要求信仰能立即发生效用。所以，不少当代基督徒并不是听从神的呼召，藉着恩典、透过信心、从圣经真道出发培育自己的品格，恰恰相反，他或她按照自己的习性、习惯、需要和要求来决定信什么、如何信以及得到哪些实际的益处，他们变得"像神一样"（创世记 3：5）。

其二，"观光客式信徒"。由上述类型的信徒必定带出这种信徒。不少当代基督徒已被观光客心态所掳获。信仰被理解成是闲情逸致、拜访风景名胜的旅游活动。对某些基督徒而言，是每周一次到教堂远足；对另外一些基督徒而言，则是偶尔参加特别聚会。宗教生活被定义成新上市和最新潮的时尚，例如信心治病、人类潜能、通灵学、成功的人生、灵舞、哈米吉多顿预言等。他或她在基督教信仰市场上信步，走马观花地尝试各种各样的新花样，对各种假冒伪劣的人造物还讨价还价，而难得见到在心灵上五体投地、一步一跪朝圣的基督徒，更难以发现他或她从心灵深处流露出那种恒久专一的顺服，以及忠诚、坚韧、虔敬⋯⋯

德国哲学家尼采（Friedrich Wilhelm Nietzsche，1844－1900 年）清楚地认识到现代人最为需要的一项真理："'天与地之间'最要紧的事是⋯⋯必须有恒久而专一的顺服；这样才能产生、并且一直产生那让生命值得活下去的东西。"但是，今日的世界并不鼓励这种"恒久而专一的顺服"。尽管尼采向来以反基督教而闻名，但是毕德生认为尼采以他特有的敏锐捕捉到了当代基督徒所要坚持的这条真理，所以果断地拿来用作全书的标题。

毕德生在该书中切中当代基督徒生活的病征，试图用两个圣经名词帮助基督徒辨识并抵挡当代世界潮流：门徒和天路客。

"门徒"意指基督徒一生都作主人耶稣基督的徒弟，维持活到老学到老的关系，永不中辍。门徒是学生，但并不置身于充满学术气息的殿堂，而是生活在工匠的作坊里，所要学习的不仅仅是关于神的知识，而最为主要的是学习如何走在信仰的道路上。"天路客"即"朝圣客"表明基督徒是客旅，一生努力走向神，而耶稣基督则是那条惟一的道路。但是，无论是"门徒"还是"天路客"，都不仅仅是一种身份的标记，毋宁说它们首先是一种生存方式，即"做门徒"、"做天路客"。如果没有这种融会于日常生活的生存方式，所谓的基督徒身份往往不过是一种文化标签，可能挺讨人喜欢，但是不讨神喜悦。做门徒关乎的不是一种外在符号，而是贯穿于整个生命——我们的灵、魂、心、体等等一切——的活泼的信心；做门徒的要义不是口称自己是基督徒，将信仰标榜为一种时尚、自我满足的安慰剂、急难中的救命稻草，并在这种身份标榜中获得暂时的陶醉和自得，而是时时处处地追求成圣。所以，全书的副标题是"如何在瞬息万变的社会中做基督的门徒"，其用意正在于点明当代基督徒的误区，帮助他或她归回正道。

为深入探求做门徒的工夫，毕德生回归圣经，细心钻研诗篇中的古老诗集"上行诗篇"，用它来教导基督徒怎样持之以恒地走信仰之路，存心努力，勤勉不辍，追求在基督里长大成熟。这十五首诗，从字面上看，很可能是在几个大节庆中前往耶路撒冷的希伯来天路客，路上按着次序所唱的诗歌。从隐喻来看，它们也是一个朝向耶路撒冷而去的旅程，象征信徒活出朝向神的生命，在一步一步趋往成熟发展时，更加亲近神。在毕德生的笔下，这十五首诗歌不再是积灰累尘的古董，而是十五位可人的天使，带领基督徒的生命逐步成熟，最终他或她的生命长出翅膀，曾经寄居的旧我和世界，就化为透明的空壳，留在末世的审判台前。

对于行走在基督教信仰道路上的人来说，毕德生从十五首"上行诗篇"中汲取精华，在传承古以色列子民的信仰真谛之同时，将做基督门徒的基本要素（并非全部）浓缩为十五种，即：悔改、神的照管、敬拜、服事、帮助、安全感、喜乐、快乐、工作、坚忍、盼望、谦卑、顺服、团契、颂扬。它们既是做门徒的基本素质，更是灵命螺旋上升的阶梯，提醒基督徒记得自己是谁，要往哪里去。

毕德生在该书中从十五首上行诗篇中提取出十五种要素，将之作为做门徒的朝圣客或天路客必备的指南。

但是，基督徒有了这份指南，就必然能做到吗？若从绝对的标准来看，我们要继续提出的问题是：又有几人全然具备这些要素呢？进而，又有几人能上天国呢？

我们在此要请大家注意的一个问题是，基督徒的生活处于吊诡之中：一方面，重生的基督徒已然进入天国，另一方面他或她依然生活在世界之中，完全的天国尚未全部来临，毋宁说基督徒品尝到的是初熟的天国果子。所以，基督徒的生命处于已然和未然之间。从这种神学来看，我们可以对以上问题提供一种合乎圣经的解释：大凡基督徒虽依然有罪，但是已经藉着基督蒙恩，凭借信心，已经进入天国，但是成圣的工夫需要一生来完成，直至新天新地，才完全进入神的国度。

这些诗歌正好契合所有处于过渡状态的基督徒的生命。这些过渡时期所唱的诗歌精短、简朴、直抒胸臆，可以为基督的门徒提供勇气和力量，指引他或她进入到耶稣基督里面。甚至对于那些观光客以及非基督徒，上行之诗不只是可以作为振奋人心的旅者之歌来赏析，同时也提供某种实用的人生指南和地图，克服后现代时代的那种浮躁与稍纵即逝的喧哗。

如果一本书在出版近三十年后还能流行，对人有益，虽然尚不能荣登经典行列，——这需要时间的的考验，也可以算的上是精品了。

该书就属于这类书籍。1980 年，毕德生出版该书，全名为《恒久专一的顺服：如何在瞬息万变的社会中做基督的门徒》（*A Long Obedience in the Same Direction: Discipleship in an Instant Society*）。1985 年，台湾校园书房出版中译本，取名为《灵命更新礼赞》。此后二十年该书在英语基督教圈子中颇为流行；2000 年毕德生出版该书的修订版，2004 年，台湾校园书房随即出版相应的中译本，更名为《天路客的行囊》。若保持原书的宗旨和风格，原书名以醒目的方式让中国读者对基督徒生活的核心品质加以悉心关注。

该书虽属于解经类著作，但是，作者在坚持学术品味的同时，将个人的教牧经验融入其中，为读者提供实用的灵修默想，希望藉着古老的曲调，弹奏出振奋、鼓励和引导当代基督徒的乐章，甚至那些对圣经感兴趣的读者也会从中体味出古树新芽带给我们的新活力、喜悦和盼望。实际上，通过毕德生导论性的解读，这些典雅的古代希伯来诗歌可以成为丰富当代中国人精神生活的资源，更是基督徒每日奔走天路的导览手册。

该译著译笔流畅，传神地表达出原著者的行文风格。十五首诗歌既可以单篇阅读、赏析，更为可取的是，若逐一阅读，在毕德生朴素流畅的笔下，我们会随着他活泼的文字逐步丰富我们自身对生命的理解：以"悔改"为起点，达及人生的最高目的"颂扬神"。

（延伸阅读：毕德生：《诗情祷语——与诗篇一起祷告》，张玫珊译，台湾：
校园书房出版社，2000 年。）

第五章　丛林法则中的做人之道：以信心活出完美——尤金·H.毕德生的《与马同跑》评述

（美）尤金·毕德生（Eugene H. Peterson）：《与马同跑——
寻求真善美的人生》（*Run With the Horses: The Quest for Life
at its Best*），张秀兰译，台湾：中国主日学协会，1987年。

尤金·毕德生：《与马同跑——耶利米的非凡人生》，张秀兰译，江苏：南京大学出版社，2009 年。

一、在我们的（后）现代时代，"先知死了"

我们一提到旧约中的先知，我们的脑瓜子中往往会闪现出这样一幅图像：他或她对未来了如指掌，发布预言；四处奔波，批判君王和百姓；到处下诅咒，等等。对于普通基督徒而言，除了以赛亚书中预表基督的经文之外，多半对大小先知书不熟悉，不知道旧约中占据大量篇幅的先知书究竟讲了哪些内容，更遑论将旧约先知与自己的生命结合起来，透过古代先贤来比照自己的生命。这的确有点让人颇感失望和惊讶。

先知传统是旧约圣经给人类流传下来的宝贵遗产之一。旧约圣经中的先知运动在人类历史上独一无二（这并非说古代近东其它宗教文化中没有先知现象），不仅中国文化中没有这种先知，而且对于当代人类来说，先知也难以为人理解，尽管我们会在宽泛的意义上使用这个名词，称呼某些具有独创精神的思想家为"先知"，例如大家会称以批判资本主义建构共产主义著称的卡尔·马克思（Karl Marx，1818－1883 年）为"先知"。但是，无论如何，如果今天我们在街道上看见一个人穿着古怪，宣称世界末日来临，我们可能会避而远之，最多怀着好奇耐心地倾听一会儿，旋即会避之唯恐不及，嘲笑他或她是一个怪人或疯子，甚至会以高度的政治觉悟，认为他或她是罪犯。当代社会一般不再信仰旧约圣经中的神，更不会认为神会藉着某个人传递他的信息。相反，我们会认为凡相信这种观点的人不是在欺骗人，就是他或她本身需要看心理医生，或者干脆将之送到派出所——因为这种言论会扰乱社会治安、破坏社会稳定。但是，圣经世界中的以色列人采取与当代世界完全不同的世界观，他们相信神存在，也相信神会借着人传递信息，而这种信息多半是关乎审判、诅咒、悔改一类让人觉得刺耳的内容，对当代的我们，既感到陌生奇怪，也会认为可有可无。即使是基督徒，无论是讲坛上的神职人员，还是芸芸众信徒，多半也会简单地以"预表理论"将旧约先知打发掉：耶稣是最大、最后、最高的先知，旧约先知是耶稣的预表，所以，只需多阅读耶稣的四福音书就可以了；我们既然已经得到了实体，何必再对实体的影儿孜孜以求呢？既然可以更加快捷、便捷地达到目标，何苦上下求索来哉？如此来看，在今日时代，的确，不仅"神死了"，而且随之而来的必然结果是"先知死了"——他或她可能被我们亲手杀死，也可能被我们喜好遗忘、易于遗忘、喜新厌旧的记忆忽略死掉了。

二、"与马同跑"题解：丛林法则下的约伯式难题

（后）现代社会的支配法则与茹毛饮血时代并没有多大的差别。人类在犯罪堕落之后，丛林法则就在人心中做起君王：弱肉强食，适者生存；不择手段的人往往万事亨通，而恪守神道的人，则往往万事不顺。借用圣经神学来描述就是：为何恶人得福，而好人却德福不两全呢？

如今人类依旧处在**后伊甸园时代**，虽然在物质技术上取得长足的飞跃，而生活在钢铁水泥中的人类并没有摆脱丛林法则如同幽灵一样的支配：我们为了自己的名利得失，竭尽所能之事，充斥媒体的报道满目是病毒流感、自杀他杀、战争饥荒……如果我们还对这个时代抱有一线希望，从频频在媒体上露脸的名流大师精英身上寄托一点道德的安慰，绝大多数时候，我们非但得不到一点道德资源上的滋养，反而在各种"艳照门"一类的事件曝光之后，对那些光炫美丽、潇洒英俊、悲悯天下的脸面充满怀疑和否定——他们是金玉其外败絮其中的尼采所讽刺的"小人"。尽管现代人并非都心甘情愿为丛林法则所支配，还有人心中存有对美好人生的渴望，还有人愿意过一种自由、美善和有价值的人生。然而，我们常常发现我们的生活并未如技术进

步一样取得太大的长进，要么单调乏味、墨守成规，要么疯狂迷乱、毫无果效。我们似乎限定在丛林法则的魔力之下，我们难道没有办法突围？**我们该如何学习冒险、追求完美和杰出，甚至在更加艰难、惨烈的群马奔跑的丛林生态中也能够有一番讨神喜悦的天地？难道在钢铁水泥构筑的丛林世界中，耶和华神的信仰者，就没有可能胜过恶吗？**

如若上推到两千五百年前的以色列，生活在应许之地的以色列子民的境况又当如何呢？耶利米被耶和华神呼召担当先知的职分。尽管他信靠神，但是这并不意味着作为先知的他没有任何疑惑，或他的所有难题都可以得到解决。耶利米也面临人生的重大难题，但与（后）现代普遍崇拜物质主义的我们不同，我们将难题诉诸人间，而耶利米则把难题带到神圣的审判者那里，交给"公义的"审判者。这个难题便是神义论或约伯式的追问："恶人的道路为何亨通呢？"（耶利米书 12：1）。

这是一个古老的人类问题，而且是一个愈来愈使以色列中诚信的人（也是所有诚实的人）感到困惑的问题。诗篇第 73 篇和约伯记均提出这种令人痛苦、迷惑不解的追问。根据古代以色列广泛坚信的信念，一个我们会在诗篇第 1 篇和约伯记中约伯友人劝说约伯的神学教导中发现的信念：恶人不会兴隆，他们的幸福时光不会长久，只有义人才能扎根，并且成为一棵能结果子的树（耶利米书 12：2）。但是，耶利米的经历以及从古至今无数人的经历指向相反的方向。耶利米倾尽全力服侍神，这是神清楚知道的（耶利米书 12：3），而结果是一生坎坷、颠沛流离，一直遭到拒绝且遭受逼迫，而那些弃绝并逼迫他而且不以诚实的心信仰耶和华神的人，却顺利、亨通、发达。耶利米对今生遭遇不公提出报仇，说他们倒应像羊被牵到宰杀之地（耶利米书 12：3）。这种为血仇定律支配的看法尽管与先知身份不合，但是我们还是可以理解他当时的处境和心情会有多么沮丧和绝望、愤怒！

然而，人生中极常见的情形不是招呼一下神，神马上就像宝葫芦一样让人样样顺心，反倒是：约伯难题并没有得到一个简明、能满足理智的标准答案。对于圣经中的神而言，这种问题根本不是人应当追问的，它的价值在于人面对神存在更加基本的需求：在患难之秋，在丛林世界中，呼求得到神的帮助——"我怎样应付这种困局呢？"就耶利米而言，他所面对的急迫问题是：**怎样面对恶毒和敌对以及似属个人的失败，怎能继续担当先知的使命呢？**耶和华在耶利米书 12：5 中的答复便是要满足这个难题："你若与步行的人同跑，尚且觉累，怎能与马赛跑呢？"

乍看起来，耶和华的答复似乎答非所问。耶利米问："恶人为什么活的那么滋润？神啊，你要惩罚他们！"而耶和华对耶利米说，简言之就是：你说你活的不滋润，我告诉你，还有更糟的要来呢！你若发觉事情令人难受，那更难受的还在后头！你若在"平安之地"，在空旷的乡间已经绊跌的话，"在约但的丛林"——在约但河谷的丛林，旧约时代乃掠食的狮子栖息之地（耶利米书 49：19），所以是危险的象征——将会发生何事呢？我们若把在 12：5 的隐喻稍加改变，用现代语言来说，就是：你若不能缓行一里的路程，当参加马拉松赛跑时又会怎样呢？——耶利米如果受到引诱并抵挡不住的话，一早就丢盔卸甲了。

耶和华的答复从表面上看像是冷漠的慰藉，但是，确实触及到耶利米的心灵深处。耶和华假定（实际也早已知道）他能、他必须、他必定会甚至在前面风暴更加惨烈的日子继续肩负先知的工作。在阳光普照，一切都顺遂时相信神，那是一件容易而且风光的事情，但当风暴乌云集结而且道路难行时相信神，那是信心的试验。耶利米受到的挑战是在愈来愈多困难之中仍要坚持下去，就是坚持神呼召他时对他的应许："因为我与你同在，要拯救你，这是耶和华说的"（耶利米书 1：8）。有了这份应许，耶利米的坚持就有了意义，尽管许多问题仍然未能获得解答，正如我们的情形一样，但是做人的价值标杆已经瞄准，所需要的就是坚持到底，无论前面是刀山火海，还是豺狼虎豹！

三、耶利米的做人之道：以信心活出完美

摆在诸位面前的这本小书《与马同跑》，页数不多，但是分量颇重，或者说其"承受之重"让人担心它是否可以胜任。其"重"首先体现在它要解读圣经中最难解读的经卷之一——隶属于大先知书的耶利米书，要端正我们对先知以及先知书的认识，至少让我们对先知书不要发生抵触情绪；其次体现在它要为素有"眼泪先知"（weeping prophet）之称的耶利米立传，通过他时运不济、命运多舛的一生，向我们展现出神拣选的先知如何解决生命中的难题——如何在艰难时代做人？就信仰耶和华神的耶利米而言，此问题还可以转换为：如何在万马奔腾的丛林世界做属神的人？耶利米以一生的经历回答了这个难题。《与马同跑》从耶利米书中剪接主要的片段，以耶利米既丰富多彩又多灾多难的一生为叙述的主线，将此难题一一揭开，为我们活在（后）

现代时代的人，不论是基督徒，还是非基督徒，只要我们还对人生心存完美、正直的渴慕，只要我们尚未对失序失控的世界彻底绝望而沉沦，就会再次渴慕先知的声音，借鉴先知树立的典范，活出自身独有的真善美的人生，并从中找到一份契合自身的独特答案。

毕德生的《与马同跑》体现出他一贯的学术和教牧风格：从圣经入手，从耶利米丰富的一生中抓住若干片段，按照时间顺序深入其中，抽丝剥茧，娓娓道来，其中不时闪现出毕德生的幽默睿智、深刻的洞察力，由此为我们铺展开一幅有关这位历经磨难的先知的生命画卷：虽敏感忧伤，却充沛饱满；虽孤独坎坷，却英勇坚定；虽颠沛流离，却始终忠于神的所托。**这是一本由被誉为"牧者中的牧者"的毕德生所写的"先知中的先知"耶利米的作品，可以帮助我们反思自己的生命，找到自己独特的价值，过一种奔放积极、富有创意的生活。**

耶利米在旧约先知中是一位非常独特的神的代言人，因为耶利米书提供他的生平事迹，比其他先知更为详尽。一般而言，其他先知书记述耶和华的话语、神的信息，但对先知自身的经历记述不多。耶利米书却较为详细地透露出他一生的主要经历以及内心世界的感受：他为耶和华所拣选，成为神的发言人，然而这不是他个人的意愿；他身心所遭受的苦楚，可能比别的先知更多、更深；人们对他的迫害，也比其他先知更为深重；他备受宗教界、政界与普通信众的误会与憎恨，尝尽人间疾苦；他在国破山河碎的时代，逆祭司、假先知的廉价福音，不顾性命传讲重价恩典……所以，毕德生选择耶利米做全书的主角，的确非常合适，而且毕德生本人对耶利米尤为青睐，既以耶利米为典范，也不断操练自己的信心，从而对耶利米书有着独特的体认。

《与马同跑》帮助我们认识耶利米一生怎样在患难之中凭借他对耶和华神坚贞不移的信心建立他的完美人生，从而有助于我们反省当代基督徒应怎样去寻找神在人生中所给予的呼召，以及应如何把它实践出来。全书按照年代，为耶利米立此存照，总计十五章（第2—16章），展示其中的重要神学信息，尽管与耶利米丰富的一生相比较，实在为数太少，但是可以帮助我们勾勒出一位真实、生动的人。至于详细内容，请读者将笔者的评述翻过，直接与灵修大师毕德生及其笔下的耶利米先知对话。

（延伸阅读：尤金·毕德生：《俗世圣徒——平凡人的灵性生活》，汇思译，香港：天道书楼，2001年。）

第六章　拜师学艺——简评《祷告的学校》

（南非）慕安得烈（Andrew Murray）:《祷告的学校》(*In the School of Prayer*)，董挽华、吴碧霜译，台湾：校园书房出版社，1986 年。

一、既简又难的祷告艺术

基督教灵修中的一个重要因素就是祷告。

祷告，简言之，就是人直接以言语或静默向神说话。其本质是一种神人关系。这种关系之所以能够建立，其前提并不是因为人向神说话，所以神才存在，并要接听人的祷告，相反，其前提取决于神的本质。这种思维方式与人文主义的看法刚好相反：祷告者之所以可以祷告乃是依赖于被祷告者神。由于神是灵，是超越的存在，神将灵赐予人，人是有灵的活人（创世记2：8），神按照他的形象创造人，人具有神形象（创世记1：26－27），这就决定了人的祷告并不是由人来操纵的；由于神是位格，不是抽象的理念或观念，所以祷告是一种对话关系，即作为位格的人和作为位格的神之间在灵中的对话，而不是一种面对墙壁的独白、苦修或无神之下的慎独。这两个方面又决定了祷告具有相互影响的关系。人向神祷告，神会受到人的祷告的影响：一方面，祷告会影响到神的计划；另一方面，反过来，也会影响到人的品格、存在和生活。

用现代语言来说，祷告就好比是人直接向神打无线电话：这头是地上的人，那一头是天上的神，中间并不需要卫星传输系统或电话线——可以随时随处与至高的上帝倾心吐意，且免费接听，全球漫游。的确，这真的是一件奇妙而简易的事。

然而，这却又是最为艰难的事情。天下的事情往往就是这样的，越是简单的，就越是艰深的，例如下围棋，入门易，而入道难。祷告就是如此。所以，祷告又如同习武，需要拜师学艺。就基督教而言，信徒要拜耶稣基督为师，投奔耶稣基督的门下，学习祷告的功课。只有这样才会在灵命上得长进。

但是，拜师学艺又非是一件轻巧的事情。现代社会的主流价值观是自我中心主义、物质主义，或者说是以追求物质满足为目标的自我中心主义。受到这种文化的影响，像古人那样，愿意谦卑顺服向神祷告就是一件似乎费力不讨好的事情。基督徒往往也逃脱不了应付了事的马虎心态和做法，一副"有口无心"的样子，甚至将这门功课给全然忘记了，还给老师，生活中的一切照旧，而最为可怕的事情莫过于将祷告变味，出现"临时抱耶稣的脚"的恶习——遇到困难时，求告神按照人自己的意愿和想法来成就人的目的，神在这种祷告中成为人的打工仔，人反倒成为老板！这样看来，基督徒也好，非基督徒也好，在这个金钱万能的时代，所要做的第一步就是谦卑自己，认识到自己的罪恶和卑微，有一颗愿意受教的心，谦卑地来到神的面前，学习祷告的艺术。

二、圣经中的第一份祷告记录

在整本圣经中，第一次开口祷告并留下祷告记录的人是谁呢？根据中文和合本和新译本圣经，大多数人会认为此人是亚伯拉罕，他曾为所多玛代祷，在指妻为妹事件中，经文提到"祷告"一词。但是，值得注意的是，经文并没有记载亚伯拉罕如何向神祷告，从而神最终医好亚比米勒和他的妻子，并他的众女仆，她们便能生育（创世记第 20 章）。圣经中所记录的这个人不是亚伯拉罕，而是"管理他全业最老的仆人"。他按照主人亚伯拉罕的吩咐出去到美索不达米亚的拿鹤给小主人以撒寻找妻子。此后，经上说道：

> 黄昏时分，女人出来打水的时候，那仆人就叫骆驼跪在城外的水井旁边，然后祷告说："耶和华我主人亚伯拉罕的神啊，求你今日使我遇见好机会，施慈爱给我的主人亚伯拉罕。我现在站在水泉旁边，城内居民的女儿正出来打水。我对哪一个少女说：'请你放下水瓶来，让我喝点水。'如果她回答：'请喝，我也给你的骆驼喝。'愿那少女就作你选定给你仆人以撒的妻子。这样，我就知道你施慈爱给我的主人了。"（新译本，创世记 24：11－14）

事情果然按照老仆人的祷告一一实现了。为什么圣经所记载的第一份祷告记录不是信心之父亚伯拉罕的呢？将"第一"的名誉归于亚伯拉罕也是实至名归，但是其中的关键在于，这段经文告诉我们，凡谦卑顺服的人，甚至籍籍无名的人，他或她的祷告也必蒙垂听。在整本圣经中，我们查考不出这位老仆人的姓名。但是，正是这位没有留下姓名的人，却给我们留下第一份祷告记录。

三、拜师学艺

拜师学艺的前提是"拜"，即要有一颗顺服谦卑受教的心，否则，谁会收那种狂傲自大的人为徒呢？在中国传统中，拜师真的是要给师傅行下跪之礼。而对于信徒而言，他们给神下跪，拜耶稣为师，因为"神是个灵，所以拜他的必须用心灵和诚实拜他"（约翰福音 4：24），这样的人才会学习耶稣大学中的必修课"祷告"。祷告艺术的要义乃在于在心灵中敬拜神。

有了这样的端正态度，慕安德烈（1828－1917 年）的这本小书就可以帮助我们学习和操练祷告的艺术。我们每个人都会从中得到一些切实的指导，明白藉着耶稣，通过圣经，在圣灵的带领下，可以与神建立和好的关系，所以，新约教导说，"靠着圣灵，随时多方祷告祈求，并要在此警醒不倦"（以弗所书 6：18）。

（延伸阅读：杨腓力：《祷告》，徐成德、黄梓恩、应仁祥译，台湾：校园书
　　房出版社，2008 年。）

第三编 犹太－基督教神学与公共生活

第七章 后奥斯维辛时代信仰生活是否可能？——马丁·布伯《我与你》简论

（德）马丁·布伯（Martin Buber）：《我与你》（*I and Thou*），陈维纲译，北京：三联书店，1986 年，2002 年。此外该书中译本还有：马丁·布伯：《我与你》，陈维纲译，曾庆豹校，台湾：桂冠图书股份有限公司，1996 年，2002 年，2012 年。

马丁·布伯:《我与你》,许碧端译,香港:
基督教文艺出版社,1986 年,1993 年。

　　马丁·布伯（Martin Buber，1878－1965 年）的我－你关系思想在当代犹太－基督教哲学－神学中引发了一股影响甚广、至今仍未衰竭的运动——相遇神学,并对二十世纪中叶直至现在的基督教神学产生了深刻影响[1]。在相遇神学看来,人能面向神和他倾心交谈,但不能在幽暗的思想密室中坐而论神;人能因相遇而知神,但凭借亚里士多德（Aristotle，前 384－前 322 年）意义上的三段论一类的推理去寻神,那无疑是缘木求鱼了。这种相遇神学就是布伯自己所言的"最深刻的犹太教"[2]或"犹太教的使命所植根于其中的基本的教义"[3]。它直指西方二元论传统,即将人的存在分割为两个领域——精神的真理和生活的现实,同时两个领域都以其自身的资格存在并彼此独立。在二

----

1 詹姆斯·C.列文斯顿（James C. Livingston）:《现代基督教思想——从启蒙运动到第二届梵蒂冈公会议》,何光沪译,赛宁校,四川:四川人民出版社,1999 年月第 2 版。在该书中列文斯顿将布伯列为有神论生存主义哲学家,对于二十世纪中叶以降的基督教神学有着深刻影响。参阅第 696－702 页。

2 马丁·布伯:《论犹太教》,刘杰等译,山东:山东大学出版社,2002 年 2 月第 1版,第 97 页。

3 马丁·布伯:《论犹太教》,同上,第 99 页。

十世纪，这种分裂给人类造成的最大苦果之一是二战反犹主义及其活动。而布伯的相遇神学为反拨西方二元主义传统提供了独特的视角，同时也试图回答犹太人和基督徒一遍又一遍追问的问题："在奥斯维辛集中营之后，信仰生活将如何仍是可能的？"

一、布伯生平：横跨两希文明

　　1878 年 2 月 8 日，布伯出生于维也纳，但在其童年时，母亲离家出走，他是在其时奥地利的加里西亚（Galicia）的首府利沃夫（Lemberg）祖父母家中度过的，当时的加里西亚是隶属于奥匈帝国的一个行省，其主要居民是波兰人、乌克兰人和犹太人[4]。母亲的出走以及童年布伯的孤独等待，直至最后偶然获知母亲将永远不会回来，所有这些儿童时期的痛苦经历形成了后来布伯创造出的德语新词 *Vergegnung*，即"错遇"（mis-encounter）——应当发生但实际没有发生的相遇。从布伯童年生活的大环境来说，在这些散居犹太人当中，不乏许多恪守传统、严守律法、信仰虔诚的人。而布伯的祖父是一位出类拔萃的古代拉比文献米德拉什研究方面的历史学家。14 岁时，布伯回到再婚的父亲身边，在父亲的帮助下，年轻的布伯开始熟悉在犹太史上唯一一次成功地颠覆拉比传统的犹太虔敬运动——哈西德主义。自 26 岁开始，布伯开始研究哈西德主义。他最初感兴趣的是哈西德派思想中的美学层面。在将布拉斯拉夫的拉比纳赫曼（Rabbi Nahman of Bratslav，1772－1811 年）的传说译为德文之后，他决定对哈西德传统采取适应策略，即自由地以德语重述哈西德派的思想。这就形成了德语版的《纳赫曼拉比的传说》（*Die Geschichten des Rabbi Nachman*，1906；即英文版 *The Tales of Rabbi Nachman*，1956 年）以及《美名大师的传说》（*Die Legende des Baalschem*，1908 年；即英文版 *The Legend of the Baal-Shem*，1955 年）。其后布伯从关注哈西德派中的美学思想转向其思想内容。他立志将其中的精髓传递给全世界。此后他关于哈西德主义的主要著作有《为了天国》（*Gog u-Magog*，1941 年；即英文版 *For the Sake of*

4　布伯本人并没有留下一部完整的自传，而只是留下写于不同时期的自传材料片断，并在其晚年汇集出版，即德文版的《相遇：自传片断》（*Begegung: Autobiographische Fragmente*）（Stuttgart: W. Kohlhammer，1960 年）。一般认为，这些为数不多的珍贵资料让读者认识到了贯穿布伯一生及其思想的主题——相遇，即人生关系之要旨和顶点。本章关于布伯的生平简介参阅 Pamela Vermes：《布伯》（*Buber*）（New York: Grove Press，1988 年），第 1－70 页。

Heaven，1945 年）、《哈西德主义与现代人》（*Pardes ha-Hasidut*，1945 年；即英文版 *Hasidism and Modern Man*，1958 年，以及 *The Origin and Meaning of Hasidism*，1960 年）[5]。布伯不仅研究、撰写和介绍哈西德主义的著作和论文，而且他的相遇哲学、对话学说、两种关系学说等均深刻地受到该运动的影响，并形成了颇具影响力的新哈西德主义[6]。

但是，数千年的犹太传统尚只是布伯思想来源的一个源头，其学术背景和训练还包括现代西方世俗思想和观念。从其求学生涯来看，其学术训练完全属于现代－世俗类型。他自 1896 年曾在维也纳、莱比锡、苏黎世和柏林大学研究哲学和艺术史，其旨趣和智性追求受到十九、二十世纪之交的欧洲文学、艺术和思想的塑造。在柏林大学求学时期，布伯曾为席美尔（Georg Simmel，1858－1918 年）和狄尔泰（Wilhelm Dilthey，1833－1911 年）的门生，受到康德（Immanuel Kant，1724－1804 年）、尼采以及巴赫（Johann Sebastian Bach，1685－1750 年）等人的影响。

当布伯尚在求学时期，自 1898 年，他就是一位热情的犹太复国主义者。但布伯的犹太复国主义属于精神或文化犹太复国主义，而非政治犹太复国主义，前者由希伯来语作家阿哈德·哈－阿姆（Ahad Ha-Am，1856－1927 年）[7]所倡导，后者以西奥多·赫尔茨（Theodor Herzl，1860－1904 年）为代表。阿哈德·哈－阿姆及其追随者批判后者的政治目标和外交策略，主张犹太复国主义的首要使命并不在于建立犹太国家，而是促成犹太传统的再生，使之获得创造力和生命力。犹太文化复兴成为布伯持续关注的焦点之一，犹太复

---

5 布伯主要关于哈西德主义的著作有《为了天国》（*For the Sake of Heaven*）（New York: Meridian Books，1958 年），L. Lewisohn 翻译；《哈西德主义》（*Hasidism*）（New York :Philosophical Library，1948 年），C. Witton-Davies 和 M. Witton-Davies 翻译；《哈西德主义早期大师的传说》（*Tales of the Hasidim: Early Masters*）（New York: Schocken，1947 年）以及《哈西德主义后期大师的传说》（*Tales of the Hasidim: Later Masters*）（New York: Schocken，1948 年），这两本书的英译本均由 O. Marx 翻译。另外，还有《哈西德主义和现代人》（*Hasidim and Modern Man*）（New York: Horizon Press，1958 年）以及《纳赫曼拉比的传说》（*The Tales of Rabbi Nachman*）（London: Souvenir Press，1974 年）等，这两本书均由 M. Friedman 翻译。

6 大卫·鲁达夫斯基：《近现代犹太宗教运动——解放与调整的历史》，傅有德、李伟、刘平译，山东：山东大学出版社，1996 年 12 月第 1 版。其中有专门一节介绍布伯与"新哈西德主义"之间的关系以及相关思想。

7 为阿什·金兹伯格（Asher Ginzbeig）的笔名。

国主义则是达到这一目标的手段。1899 年，布伯曾参加第三届犹太复国主义大会，其大会发言深受阿哈德·哈－阿姆的影响，强调犹太教育的重要性，反对大会提出的宣传计划。1901 年，布伯被认命为犹太复国主义运动的机关报《世界》(*Die Welt*，周报) 的编辑，主张犹太教需要新的文化创造力。正是因为布伯强调文化而非政治的优先地位，1901 年，在第五届犹太复国主义大会上，他发起成立犹太复国主义民主党，辞去《世界》周报的编辑职务。[8]1903 年，布伯因为道不同而与赫尔茨决裂。1916－1928 年，布伯创建并编辑文学刊物《犹太人》(*Der Jude*)。该刊物的撰稿人包括二十世纪欧洲最杰出的思想家和哲学家。他们和布伯一样以现代但本真的方式揭示和表达犹太文明的根基。

布伯的创作生涯始于一战前，除了上述有关哈西德派的著作之外，1909 年，布伯继续参加社会事务，曾三次 (1909、1910 和 1911 年) 给布拉格的学生组织"巴尔·科赫巴" (Bar Kochba) 协会做演讲[9]。这些演讲不仅对中欧犹太青年产生了重要影响，而且标志着布伯思想发生了转折。自那时起，布伯开始发表著作，其中大多数作品是用德语撰写的，正是这些作品为他赢得了世界声誉，从而名列于二十世纪最具才华和最具争议的 (犹太) 思想家行列。其最初且颇具浪漫主义色彩的作品涉猎的正是他生于其中的犹太神秘主义或喀巴拉，其中还包括将十八世纪哈西德派拉比的传说译为德文的文本。他倡导新"希伯来人文主义"的早期作品则以希伯来圣经中的真知灼见为基础。其社会思想明显地表现出对乌托邦和伦理社会主义的同情，但这种社会主义绝非马克思主义的"科学"社会主义，后者强调非个人的集体或群众在历史中的作用，强调物质资料生产方式对社会历史的决定作用。布伯的犹太复国主义则关注小规模且具竞争力的社团，其典型就是一战前由犹太复国主义运动在以色列土地上建立的基布兹[10]。

---

8 辞职后，布伯与朋友们一起在柏林创建犹太出版社 (Juedischer Verlag)，继续以德语出版文学类著作。

9 即《转折点：犹太教三讲》(*At the Turning, Three Addresses on Judaism*) (New York: Farrar, Straus and Young，1952 年)。

10 基布兹 (*kibbutz*，或 *kevuzah*，复数为 *kibbutzim*，或 *kevuzot*)：一种自愿组成的集体公社，主要从事农业，没有公共财产，负责社员及其家庭的一切需要。在以色列，基布兹运动在 1969 年参加的人数达到 93,000 人，共有 231 个基布兹。第一个基布兹建立于 1909 年，由一群拓荒者在 Deganyah 建立。

1923 年，布伯发表《我与你》[11]，该书诗意地呈现了在其思想中占据主导地位的对话哲学。自二十世纪二十年代中叶开始，布伯在美茵的法兰克福大学教授犹太思想，并与德国犹太神学家弗朗茨·罗森茨威格（Franz Rosenzweig, 1886－1929 年）合作将希伯来圣经翻译为德语。[12]布伯－罗森茨威格的圣经译本有意要传达古代圣经话语所具有的直接性和鲜活的力量。布伯在对话哲学引导下研究早期以色列宗教思想[13]。

1933 年，德国落入纳粹的魔掌，犹太人被剥夺了政治和公民权利，布伯成为德国犹太教成人教育中心（Central Office for Jewish Adult Education, Mittelstelle fuer juedische Erwachsenenbildung）的主任。面对日益增长的纳粹迫害，他竭力鼓励犹太人追求自我发现和精神复兴。随着德国逐渐成为极权主义和种族主义国家，布伯的梦想彻底破灭，甚至连有限的犹太人生存下去的机会都荡然无存。1938 年，布伯移居耶路撒冷，在希伯来大学担任社会哲学教授。在巴勒斯坦，他积极参加以护德（Ihud）团体，推动阿拉伯和犹太人相互理解，形成阿拉伯－犹太联合共同体，但是这个组织并没有不可或缺的阿拉伯人的参与。但是，这种活动表明布伯试图将他的对话或相遇哲学理论贯彻到现实之中。在以色列，布伯除了教书、撰写有关犹太教圣经研究[14]和哲学方面的文章以及参加各种文化和教育活动之外，在二战以后，布伯在欧洲和美国发表演讲，正是在欧美他的对话哲学受到了广泛关注，引起心理学家、教育学家、基督教神学家和拉比们的兴趣。被称为布伯最后一部重要著作的

---

11 马丁·布伯：《我与你》，陈维纲译，北京：三联书店，1986 年 12 月第 1 版。英文有两个版本，分别参阅 Martin Buber: *I and Thou*（New York: Charles Scribner's Sons，1958 年），第 2 版，Ronald Gregor Smith 翻译；Martin Buber: *I and Thou*（New York: Charles Scribner's Sons，1970－1971 年），W. Kaufmann 翻译。

12 在罗森茨威格于 1929 年去世后，布伯继续希伯来圣经的翻译工作，并独自于 1961 年完成。

13 1931 年，布伯出版《神的王权》（*Koenigtum Gottes*），该书是研究犹太教弥赛亚思想起源的系列著作的第一卷。但是这部著作并没有完成。1956 年的英文版根据德文第 3 版翻译，即《神的王权》（*Kingship of God*）（New York: Harper and Row，1965 年），由 R. Scheimann 翻译。

14 布伯关于先知的代表作是《先知信仰》（*The Prophetic Faith*）（New York: Macmillan-Harper Torchbooks，1960 年），由 C. Witton-Davies 翻译，该书是布伯第一部用希伯来语撰写的著作。1942 年出版希伯来语版本（*Torat ha-Nevi'im*）。在该书中，他认为，神和以色列之间相互履行的契约关系证明神的旨意和以色列的存在同样真实。同时，布伯撰写的有关圣经的著作还有《摩西》（*Moses*）（New York: East and West Library-Harper Torchbooks，1946 年）等。

《神蚀：宗教和哲学关系研究》[15]一书的大多数论文最初就是他于 1951 年在美国数所大学发表的讲演稿。1965 年，布伯于耶路撒冷去世。

二、相遇：我－你关系和之间

从相遇神学来看，真正的人类生活是与神同在的生活。神不是柏拉图（Plato，前 427－前 347 年）意义上的理念神，而是属灵实在；既非纯粹理性的设定，也非实践理性的假定，而是从生存本身的直接性中流射出来的实在，"是人类的太阳"[16]。但是，神和人，或者在类比的意义上，太阳和人之间的关系不是柏拉图洞喻说和日喻说中抛弃此岸世界，将当下世界视为影像的人所追求的绝对真理／相对意见的二元关系，这种人在布伯看来是"弃绝这个物的世界、凝视着太阳而忘却了自我的人"[17]。布伯认为，神和人的关系与其说是截然二分的，不若说是共在的。由此来看，只有自由地呼吸、漫步，将自己以及万物沐浴在阳光中的人，才会矢志不渝地与神同在。由此，神－人之间的共在关系将自身和希腊主义传统完全区分开来。

相遇神学的主题是神－人关系。布伯认为神－人关系以人－人关系为具体展现的领域，人－人关系以神－人关系为枢纽，通过人－人关系人就可体悟、经历神－人关系。在布伯看来，有两种人与人之间的关系，或者说，认识他人的方式有两种。第一种方式指"我－它"关系。在这种关系中，我能知道、了解一个人的诸多方面，如他或她的身高、体重、职业等。对他人所有这一切的把握构成知识，它是可以描述出来的有关他人的知识。但是，尽管我会对他人的方方面面了如指掌，但是我不懂他或她的心。我之所以不懂其心，其原因在于我尚未进入到和"我的整个存在"的关系之中。这意味着，在我和他人交往时我只以"部分的我"而非"整全的我"去交流。同样，他人在看到我这种有所保留的交往态度后，也不会心甘情愿地敞开他或她的真我。其结果是，人与人彼此之间虽也知道一些事情，但双方并不深暗彼此的心。换言之，彼此被对方视为一个物件，虽有所识，但终难合而为一。这

15 马丁·布伯：《神蚀：宗教和哲学关系研究》(*Eclipse of God: Studies in the Relation between Religion and Philosophy*)（New York: Harper & Brothers，1952 年）。另外该书的再版版本为马丁·布伯：《神蚀：宗教和哲学关系研究》(*Eclipse of God: Studies in the Relation between Religion and Philosophy*)（Atlantic Highlands, NJ: Humanities Press, 1952,1988 年）。

16 马丁·布伯：《论犹太教》，同上，第 98 页。

17 马丁·布伯：《论犹太教》，同上，第 98 页。

种人与人之间的关系就是"我－它"关系。第二种方式是"我－你"关系。在这种关系中，我不仅仅了解有关他人的事实，而且通过亲密或融洽的交通，通过个体之间密切的联系，通过布伯倡导的"对话"，我最终能对他人会心而笑或感同身受地相契而在。布伯认为，对话的本质在于存在如下的事实："参与对话的每个人都在心中有他者，或者说，在他们现有的特定存在中，他们都不离他人，每个人都希图在自己和他人之间建立起活生生的互动关系，每个人都面向他人开放。"[18]对话的结果所形成的"活生生的互动关系"就是布伯所谓的"我－你"关系。也就是说，彼此被对方当作和我同在的特定的人即你，不仅有所识，且最终能心心相契相印。布伯认为在我－你关系中获得的知识要比把他人当作物而得到的知识在意义上要更丰富、更深远。这种知识来自双方直接的相识相交，直觉到他人的真正存在，显现在人与人之间真心诚意的相交之中。一句话，它就是相遇：这种知就是遇，这种遇就是知；知和遇在这种知识中合一。

存在主义强调在具体处境中人类生存所表现出来的生命先于生存的本质。布伯将自己的宗教哲学定位于生存和生命，因此我们可将他归于存在主义阵营。从此出发，布伯避免一切涉及到本质的话题、一切将生存范畴化的做法。生存本身成为布伯思想的入口。进而布伯坚持认为任何超越此时此刻的哲学都是非本真的。永恒并不存在于另一个世界或另一个维度之中，永恒即当下。因此，他要在瞬间中找到永恒。每一次真正的相遇，每一次真正的和他人、自然、艺术品的相遇，在布伯看来，都是一扇扇窗口，可通向永恒的你。

在《我和你》（*I and Thou*，1958 年）中布伯用诗意的语言明确、全面地阐明了真正的相遇观。在该书中，布伯将本真的相遇描述为我－你关系。这种关系具有如下几个方面的特点[19]。第一、我－你关系关涉个人的全部存在。在我－你相遇中，我并不是和他人交谈，又心有旁骛。我的整个存在都在相遇中融洽在关系当中。我－你关系意味着一种整体态度，而非分裂意识。第二、我－你关系是唯一的。在著名的树喻中，布伯写到："我也能够让发自本心的意志和慈悲情怀主宰自己，我凝神观照树，进入物我不分之关系中。

---

18 William E. Kaufman: *Contemporary Jewish Philosophies* (New York: Reconstruction-ist Press & Behrman House, Inc., 1976), P.56.

19 本章有关我－你关系思想和之间的概述参阅 William E. Kaufman: *Contemporary Jewish Philosophies*, P.65-67.

此刻，它已不复为'它'，唯一性之伟力已整个地统摄了我。"[20]布伯在此指明，我相遇的只有树，我整个地投入到我和树的关系当中。树在我面前站立。此时好像除了我和树的相遇之外什么也不存在。我为这次相遇所统摄、所捕捉。这种相遇是一种唯一的关系。第三、我一你关系是直接的，无任何欺骗性。在我一你关系中，我并不必施暴或施压于他人。在我与你的直接关系中，关系双方既是被选择者又是选择者，既是施动者又是受动者。我实现我而接近你，在实现我的过程中我讲出了你。反之亦然。我一你关系因此是纯粹直接、完全自然而生的相会。在这种关系中，我不会将他人概念化，存在的只有我和他的相逢。第四、我一你关系并非人为的产物，它并非出于人的意志行动。布伯写到："'你'经由神恩与我相遇，而我无从通过寻觅来发现'你'。"[21]这并不是说我对这种关系一无所为，而只是说我要时刻准备回应他者的真正的他性。在这种我一你关系中，不存在主观创造的踪迹。第五、我一你关系现在发生。现时、现在是布伯思想中极为重要的概念。尽管未来救赎观在布伯思想中占有重要地位，但与海德格尔（M. Heidegger，1889－1976 年）不同，海氏认为人的存在不断地指归未来，布伯并不主张未来要比现在重要或优先。布伯反对伪善的现在观即视现在为幻象的观点。在布伯看来，现时并非指在人的观念中眼下呈现的"已逝"时间的终点或时光流程里凝固的一瞬。它是真实活泼、沛然充溢的现在。仅在当下、相遇、关系出现之际，现时才存在；当且仅当你成为当下时，现时方会显现。也就是说，现时并非为转瞬即逝、一掠而过的时辰，它是当下，是常驻，而对象不是持续的连绵，它是静止、迟滞、中断、僵死、凝固、关系匮乏、现时丧失。因此与蜷缩在过去里的对象存在不同，本质的存在伫立于现时当中。第六，从现在观出发，布伯进一步强调我一你关系发生于人与人之间。布伯试图超越主客二元主义，确定"之间"（between）在本体论上的优先地位。所谓"之间"即相遇本身，对话中对话双方的关系就是"之间"。布伯借用太阳类比来描绘这种"之间"的要义：

　　……正视这个世界并渴望在万物中发现上帝的人并不真正地与

20　马丁·布伯：《我与你》，陈维纲译，北京：三联书店，1986 年 12 月第 1 版，第 22 页。英文版可参阅 Martin Buber: *I and Thou* (New York: Charles Scribner's Sons, 1958), trans. by Ronald Gregor Smith。本文译文参阅该中文译文，又参阅了英文译文，与中文版有差异，下同，不另注。

21　马丁·布伯：《我与你》，同上，第 26 页。

上帝同在。我们可以在万物中看到上帝的种子，但上帝必须在万物中生长出来。正像太阳存在于群星之间但它仍然向地球发光一样，对人类来讲，我们也承认在他们当中见到上帝那荣耀的光辉。尽管在人类的每个人身上，它都发出微光，但它在他们身上却无万丈光芒——只有在人与人之间（between them），它才能发出最明亮的光芒。……只有在每个人都意识到自己的普遍存在，彼此开放自己，彼此表达自己的心意，相互帮助的地方；只有在人与人之间建立起直接联系的地方；在每个人的崇高的堡垒被打开，一个人可以自由地进出与另一个人相会的地方，上帝才能在凡间获得完全的显露。这一切发生在哪里，哪里的人与人之间（the Between），即那看似虚寂的空间，就产生了永恒：……真正的共同体就是这样的一种关系，在这种关系中，上帝在人与人之间获得了完满的实现。[22]

在布伯看来，相遇不仅仅临在于对话双方，而且临在于他们之间。"之间"或相遇是一个有机过程，在这一过程中形成整体、互动和协调，在这种意义上，整体大于部分之和。第七，我－你关系是相互的。布伯认为，"关系是相互的。我的'你'作用我，正如我影响他。……不可思议，人栖居于万有相互玉成的浩渺人生中。"[23]这种人与人之间的关系在直觉上是显而自明的，无须语言叙述。

布伯思想的主要问题出在人和自然与神和人之间的互动关系之上。在人与自然的关系问题上，以布伯的树喻为例，人和树的相遇怎么会是相互的？树能进入关系之中？如果这样，布伯是否是万有在神论者？布伯本人是这样回答的："关系是相互的。切不可因漠视此点而使关系之意义的力量亏蚀消损。那么，树也有与人相似的意识？对此我一无所知。是否因为你们曾似乎成功地分解过它，现在又欲求将不可分解者再度分解？与我相遇的绝非树之灵魂或精神，而正是不可分割的树本身。"[24]在此布伯再度表明他的反范畴化立场。他并不想偏离他的关系主题而论说树是否具有意识。如果这样的话，哲学家们就可以用"万有在神论"这一标签来框定他，从而达到范畴化之目的。布伯有意回避这条危险的路，布伯所要表达的是相遇是独一无二的（*sui*

---

22 马丁·布伯：《论犹太教》，同上，第 98—99 页。

23 马丁·布伯：《我与你》，同上，第 31—32 页。

24 同上，第 23 页。

generis）。它不可被分析，分析意味着将某物分裂成无数碎片，从而不能再复原为原初的统一体。因此布伯尤为强调相遇的独一无二性。也就是说，人一旦进入到其整个存在和万有之间的关系之中，交互作用即刻生成。但这种交互作用的意蕴并不能事先表达出来，人只能在相遇中去体验或体悟。在谈论神人相遇时，布伯同样坚持上述立场。神即永恒之你和人的关系是特定的我—你关系——人和人的关系以及人和自然的关系的最终目的。后两种特定的我—你关系均指向支配一切的超验。只有超验才能成就、实现特定的我—你关系，并成为后者的基础。布伯对此表述到："不断延伸的关系之线在'永恒之你'中欣然相结。每一个别之'你'皆是对'永恒之你'的洞见；每一个别之'你'皆向'永恒之你'称述原初词'我—你'。关系通过每一在者的'你'而**实现**于在者，以及**落空**于在者。因为'先天之你'实现于但不能圆成于每一关系。'永恒之你'本质上不可能沦为'它'，故尔它仅能在与'永恒之你'的直接关系中圆全自身。"[25]

根据布伯的看法，人的每次我—你相遇都瞬息即逝，如昙花一现，在世的每个"你"都注定要演变成为"它"，这是人类命运中不堪忍受的怫郁。正是因为一方面人类意识的本性要将体验转化为反思对象，另一方面人并不能在今生在世一直生活在直接体验这一维度之中，人注定要将直接体验转化为反思对象。每当转化发生，"你"即刻沦为对象之中的一个对象，它或许是其中最珍贵者，但仍隶属于对象即有待有限的对象，所以布伯认为世间之每一个"你"按其本性注定要演变成物，或者说注定了要不断地返还物境。因此人生活在双重世界中：生活在"我—你"和"我—它"之间的张力之中；人无"它"不可生存，但仅靠"它"则生存者不复为人。布伯在此一针见血地指明了人类生存的双面性：人有贪得无厌的控制欲，因此人无"它"不可生存；人若不能和他者纯粹、直接、当下地相遇，人不复为人。在认清在世之中我—你关系进程的命运即个别之你必将转成为它，又将我—你关系提升到人之为人的前提条件之后，他将永恒之你作为相遇的基础，因为只有永恒之你从本性上说不会成为"它"。

布伯的相遇神学虽无体系何言，但其复杂性并不逊色于康德（I. Kant，1724—1804年）、黑格尔（G. W. F. Hegel，1770—1831年）的哲学体系。布伯哲学的最高价值即我—你相遇以永恒为根基，因此，布伯的哲学最后要归

---

25 同上，第 97 页。

结到神或永恒之你这一概念。何谓作为永恒之你的神？布伯明确地表达他的神观："人不可从何处推断出神，譬如，从自然界推出作为造物主之神，从历史中推出作为宰制者之神，从主体中推出作为自我之神（即我思中之我）。不是先'给定'什么，然后推导出神；神即是人直接无间，亲切厚挚，永永不变之相遇者。他只可被称颂，不可被表达。"[26]这是布伯宗教哲学的核心信息。从本质上说，人只能向神言说，而不能谈论神；神只能被相遇，而人不能运用理性遵循人类思维法则将之推导出来。当然，布伯仍要言说神。布伯所谓的神即绝对位格，他是张力的统一体："无庸置疑，神是'纯全他人'，但他同时又是'纯全自我'，'纯全现时'；无庸置疑，神是无限神秘，其显现自身，又君临万有，但他同时又是照彰澄明的奥赜，比我之'我'更切近切依。"[27]因此，布伯的神是两极的对立统一，是无限唯一性和无限包容性的统一。他既单然挺立，又与人唇齿相依。布伯认为，神观念或神概念与人生的宏旨无关。布伯的主题是人和神生生不息的相遇。在此相遇中，人领受到神的信息。这信息并不告知人应当何为，这信息是要建立意义，或者说，是要确立在特定处境中人生的意义："世界非是神明游戏，而是神圣命运。在世界的人生中，在人类的人生中，在个人的人生中，在你我的人生中，有神圣庄严的意义。"[28]因此，在布伯的相遇神学中意义的尺度是主观的，个体能在神圣意识中体验到高远的意境，也能体悟到内在存在的转换。从布伯独异的思想模式来看，根本不存在外在客观标准以之来裁定人是否为神所青睐。

布伯相遇神学的主题是人真正地走出来和世界，同时也就是和神相遇。布伯认为，执着于世界者无从接近神，抛弃世界者无从承仰神。唯有以全部生命走出去与"你"相遇者，唯有把世界上一切在者均视为"你"者方可接近那不可寻觅的他。[29]由此，在以整全的存在和世界相遇者那里，万有无不蕴含神的呼唤。布伯写到："其间，语言因言说与答言而完成自身，仅在此其间，具语言之形的'道'相遇对它的回答，原初辞穿梭往返，既是呼唤陈述，又是响应回答，以同样的形式活跃于同样的语言。"[30]布伯在此表明，凡有心

26 同上，第 103 页。

27 同上，第 102 页。

28 同上，第 105 页。

29 同上，第 101 页。

30 同上，第 127 页。

用耳去倾听者，神会向其言说，在相遇关系中真正的呼唤陈述就有真正的回应回答。

三、神蚀：后奥斯维辛时代犹太生活是否可能

但为什么有人寻找神而找不见呢？为什么有人称颂神而听不见他的回应呢？布伯又是如何解释这一有问无答的现象呢？与之相应的问题是：二战屠犹事件又当何论？布伯如何看待后奥斯维辛犹太人生活的，以及人类的信仰生活？还有对话的可能吗？布伯在《神蚀：宗教和哲学关系研究》（1952 年）[31]中集中回答了二战屠犹悲剧问题，该思想发展了希伯来圣经中自隐的神观。

布伯深受哈西德主义的影响，坚持万有在神论立场，认为每一个事情，无论是存在和历史，还是自然和历史，在本质上都是神的一种表示（Aussprache）[32]。但另一方面他又认为神在自然和历史之中的活动存在着根本区别：在自然之中，神的创造行动从来不会打断，而神在历史之中的活动则并非是一个连续的过程。这就意味着在历史之中神言说的时刻和沉默的时刻交替变化：在某些历史事件中人类会认识到神的方向的痕迹，而在某些历史事件（如奥斯维辛集中营）中发觉神似乎不存在了。这种思想源自于希伯来圣经提出的自隐的神观。以赛亚书说："以色列的神啊，你实在是自隐的神"（45：15）。这种神观意指神是隐身的神，但是更加准确地以悖论的方式说，神是将自己隐藏起来又显示出来的神。

在二次大战之后，如下难题被尖锐地提出来了：在奥斯维辛集中营之后，犹太人的生活将如何仍是可能的？人类的信仰生活将如何可能？布伯进一步深化了该难题，并具体地提出六大难题：在存在着奥斯维辛集中营时代，与神一起生活如何仍是可能的？神与人的疏离感已经变得太残酷，其隐藏也变得太深，人还能够向他诉说吗？人还能够听见他的话语吗？作为一个个体和民族还能够与神保持对话关系吗？还能够向他呼喊吗？我们还敢劝告奥斯维辛幸存者要称谢神吗？简言之，奥斯维辛以六百万逝去的生命向布伯的相遇神学提出直接而迫切的问题。对此布伯提出神蚀观来解说后奥斯维辛时代人类信仰的危机及其出路。

31　马丁·布伯（Martin Buber）：《神蚀：宗教和哲学关系研究》（*Eclipse of God: Studies in the Relation Between Religion and Philosophy*）（New York: Humanity Books，1952）。具体内容可参阅该书第 23、66、68、127、129 页。

32　马丁·布伯：《论犹太教》同上，第 193 页。

所谓的神蚀指的是在神和人之间存在着遮蔽物。布伯说：

> 天光之蚀，即神蚀——这的确是历史时刻的特征，世界正在通过这样的时刻而流逝。但是，这并不是一个人能够通过列举业已在人类心灵之中发生的种种变革就可以得到充分解释的时刻。日蚀发生在太阳和我们的眼睛之间，而非发生在太阳自身。哲学并不认为我们眼盲而不见神。哲学认为我们到今天只是缺少使再现"神和神祇"即新的崇高肖像队伍得以可能的属灵定位。但是，就此来说，就像天地之间发生了某种事情一样，当人坚持在尘世思想中寻找解开神秘的力量之时，人就错失了一切。他拒绝将自己交付给有力的超验实在诸如我们的面对面而遇（vis-à-vis），由此就要为神蚀担负责任。

> 假定人现在完全"消除自给自足的超感观的世界"，假定在任何方面构成人类特征的原则和理想在任何程度上都不再存在。他真正的面对面而遇，这与原则和理想不同，人不可以描绘为它，但可以称颂为你，并可以达到你，而在人类上述消除过程中就会被遮蔽；但是，这种面对面而遇在黑暗的墙壁之后依然完好无损。人甚至会废除"神祇"，因为它毕竟尚意味着一种占有关系，而且如果占有者拒绝它，也就是说，如果不再有一位"人的神"，它也就失去了存在的理由（raison d'être）：但是通过名称而指出的神寓居在他永恒之光中。但是，我们，"这些凶手"，依然居留在黑暗之中，将自己交给了死亡。[33]

> 当我们谈论甚至现在正在发生的神蚀之时，这里面有何奥义？通过这种比喻，我们作出如下巨大设定：我们能够用我们的"心智之眼"或存在之眼瞥见神，正如我们用肉眼瞥见太阳一样，同时在我们的生存和神之间有某种东西插入进来，正如地球和太阳中间那样。存在的这一瞥的确存在，完全不是幻觉（unillusory）……它只可被体验，而不可被证明；人业已体验到它。而且插入之间的其他层面也为今天的人们体验到。我业已认识到这一点，与我的知觉让我所做的一样确切。[34]

---

33 马丁·布伯：《神蚀：宗教和哲学关系研究》，同上，P.23-24.
34 马丁·布伯：《神蚀：宗教和哲学关系研究》，同上，P.127.

从上述经典引文来看，布伯承认人类历史确实存在着神被遮蔽的事实，但他将杀神的罪责归于人自身的僭越：依靠人类自身的力量解开世界之中的神秘之谜，即以人类理性消解一切神秘，而神在这个人为的破坏活动中"完好无损"、"寓居在他永恒之光中"。这的确维护了一神论信仰，在人类残忍地破坏神人之间我－你关系的时候，神的绝对价值和至高主权并没有改变。但是，这实际上否定了布伯本论体意义上的神和人"之间"关系思想。他认为，正如日蚀一样，当太阳和人之间有物阻挡太阳的光辉时，在人看来，太阳就晦暗了，但太阳本身依然璀璨，同样，神的晦暗表征的是历史时间特征：当今时代，我－它关系已侵占了我－你关系。正是不可一世的"我"介入到"之间"遮蔽了天国的光华。那么，神蚀是非主观的实在，还是人的心理实在？这一问题在布伯那里非常明显。神在人遮蔽其光华时又在何为？对于这一点人不可而知。人在神蚀时期该何为呢？人只能等待隐秘之神的呈现。而且，当神再次来临，虽然他的复现与先前没有任何相同之处，但人将又一次认出他是人慈悲又狠心的上主。由此来看，神蚀不是一种主观实在。现在的问题是，对于神蚀或杀神，人类的罪恶要对神人之间存在的这种障碍负有部分责任，而在犹太传统中神人关系是一种契约关系，那么神对罪恶的牺牲品没有回应，神是否也要担负责任？由此布伯的思想会引出如下结论：神让自己被遮蔽而晦暗。反过来，这由此也引出如下布伯自己得出的结论：人等待的神既慈悲又狠心。[35]如果神对人类的僭越，甚至是杀神都无能为力，或抽身于人类历史之外，这种神和柏拉图的理念神有和差别？布伯自己并没有给出解决难题的方案，他只是坚持神秘主义立场，认为人只可体悟这种吞噬人的可怕的神蚀，正如瞥见神的荣耀一样。那么，人只能够坐等神的荣耀来临，神只能够静观自身被遮蔽吗？如果果真如此，那么人类在后奥斯维辛时代还有生存的希望吗？布伯没有给出明确的答案，或者说，人类的希望在于无言地体悟神－人相遇关系，而非再陷于本质主义式的追问。

布伯的相遇神学从整体上看有着明确的逻辑连贯性，他明确地认为神只能在相遇中存在，而不能通过逻辑推导出来。布伯哲学思想构成了一个有机整体，这一点在他有关永恒之你和人之间活生生的相遇思想中表现出来。布伯哲学的最大难题是他与我－你关系相抵触的神蚀思想。这个时代是神蚀时代吗？如果是，那么在布伯看来，这个时代就是等待神的时代。这里的麻烦

---

35 马丁·布伯：《论犹太教》，同上，第 196 页。

在于：是否会像等待戈多中所寓示的，神从未来临过？另外，从道德角度来看，神蚀显明神不是绝对的善和正义，他在历史时刻中沉默不语。布伯神观上的种种不足并非说明神于人已无足轻重，而恰恰表明人在这个历史时刻呼唤一种不同于布伯隐约勾勒出的神观。极言之，神是圣洁、爱人的神，可以不同的方法为人所体认。布伯说神只能被称颂，而不能被表达。在这个语言泛滥的 e 时代，人类仍可以找到称颂而非陈述的路途来修复神和人的关系。布伯人与人之间的我—你关系思想推动人们不断认识、批判现代性的种种痼疾。

（延伸阅读：马丁·布伯：《人与人》，北京：作家出版社，张健、韦海英译，
史雅堂校，1992 年 8 月第 1 版。）

第八章　从二律背反转向永恒的你——关于布伯《神蚀：宗教和哲学关系研究》的评论

（美）马丁·布伯（Martin Buber）：《神蚀：宗教和哲学关系研究》（*Eclipse of God: Studies in the Relation between Religion and Philosophy*），Atlantic Highlands，NJ: Humanities Press，1952 年，1988 年。

当代犹太哲学家、神学家、犹太复国主义思想家和领袖马丁·布伯学术思想的特色之一明显地表现为，他试图沟通他由之从出的东欧犹太人传统以及异质但在哈斯卡拉运动以降对犹太教产生实质性影响的现代世俗文化之间的关系。这种沟通实质上是两希文明──希罗文化和希伯来文化──在历史和现实之间张力运动的必然要求和结果，同时也是布伯自身的成长环境、教育背景和人生经历的产物。在这一方面，在大略与他同时代的犹太圈子里面可与之比肩的莫过于他的朋友保守派拉比亚伯拉罕·约书亚·海舍尔（Abraham Joshua Heshcel，1907－1972年）[1]。在这种意义上，沟通两希文明成为现当代犹太教自门德尔松（Moses Mendelssohn，1729－1786年）[2]以降不得不面对的课题。

一、布伯思想的要点：关系

布伯思想的起点与希腊理性主义传统不同，既不是人，也不是世界，而是世界和人之间的"关系"，即两个彼此交谈和倾听者之间的关系。这种关系学说与布伯的启示观、人类生存的本性以及理性主义哲学具有局限性的思想相互辉映，构成布伯独特的对话哲学体系。当然布伯自己无意也反对建立黑格尔式的哲学体系。

在布伯看来，无论什么──不论是人的洞见、报告，还是知识──都不能够代替直接以及当下与他者的直面相遇。各种经验、事件以及关系可以被描述和分析，但是，无论这种描述多么栩栩如生，也无论这种分析如何精确和细致，它们都不能够代替"此时此地"发生在两个主体之间的彼此交互的回应。布伯用"我"（I，德语 Ich）与"你"（Thou，德语 Du）这两个人称代词来称呼这种关系中的两个主体。这种直面相遇的关系就是"我－你"关系。与之对立的就是"我－它"（I－It）关系。具体地说，在"我"与"你"

---

1 关于海舍尔的这种评价参见他的弟子 Harold Kasimow 的博士论文：《神人相遇：海舍尔研究》（*Divine-Human Encounter: A Study of Abraham Joshua Heschel*）（Washington D.C.: University Press of America，1979 年）。另外，海舍尔本人关于这一点的思想自述参阅 A. J. Heschel：《渴求真理》（*A Passion for Truth*）（New York: Farrar, Straus and Gironx，1973 年）。

2 近现代犹太教被迫面对现代处境，由此引发出犹太性／现代性之张力，从犹太思想渊源来说，其起点无疑是门德尔松的《耶路撒冷或论宗教力量与犹太教》（*Jerusalem, or On Religious Power and Judaism*）（New England: Brandeis University Press，1983 年），Allan Arkush 翻译，Alexander Altmann 撰写导论和评论。

的关系之中，与"我"相遇的"你"不是一个纯粹的对象，而是在认识和称述"我"的时候确证"我"的主体，反之，作为主体的"我"在认识和称述"你"的同时确证"你"。因此，在彼此直接回应的环节上，在均匀对称的密切联系中，"我"与"你"合为一体。这种联系既保持了各自的个体性，同时也将两者带入到彼此之间活生生的关系之中。与此不同的是，在"我－它"模式之中，这里的"它"既可能指事物，也可以指人，"我"利用或观察他者。因为没有人能够独立于关系之外而生存，"我"在这两种源初模式中呈现出不同的特征：在"我－它"模式中，"我"以业已建立起来的事物图式来观察、判断"它"；在"我－你"模式中，"我"既倾听也言说，准备接受新东西并以新方式做出回应。从布伯对"我－你"关系的现象学描述来看，这种关系具有相互性、直接性、开放性、当下性、位格性、自发性等特点。就两种模式之间的关系来说，我们必然在两者之间穿梭。布伯坚持认为，他并不贬损"我－它"关系的价值，对于人类的实际技能以及科学成就来说，这种关系是不可缺少的。人类必须通过这种关系来获得客观知识，推进技术进步。对于一个健康的文化和人，这两种关系之间存在着辩证关系。在这种辩证关系中，"我－你"关系成为"我－它"关系，"我－它"关系反过来在其内部蕴涵着再次成为"我－你"关系的机缘。[3]

　　但是，布伯认为，在现代社会，"我－它"关系不懈地追求单纯的数量，这种以数量为本位的生活严重地威胁到实现美好的个人和社会的条件即开放性。在人类的属灵生命中，"我－它"关系占据着统治地位，这尤为具有致命的影响力。在布伯看来，本真的宗教体验的基础是启示性的相遇（revelatory encounter），即发生在人与独特的他者——布伯称之为"永恒的你"——之间的相遇。在布伯的相遇哲学之中，"永恒的你"就是神——一切特定的"你"的根基。在日常生活独一无二的处境以及事情之中，在独异的力量和命运出现的时刻，神称述，也被"我"称述。布伯多少有点不情愿将历史上一系列人与"永恒的你"相遇视为诸种传统宗教的信仰之根[4]。

3　布伯关于两种关系的学说，参阅他的《我与你》的第一章。本章关于这一思想的概述参阅 Martin Buber：《神蚀：宗教和哲学关系研究》（*Eclipse of God: Studies in the Relation between Religion and Philosophy*）（Atlantic Highlands, NJ: Humanities Press, 1952, 1988 年），"导论"部分，第 xi-xii 页。

4　Robert M. Seltzer："导论"，载于 Martin Buber：《神蚀：宗教和哲学关系研究》（*Eclipse of God: Studies in the Relation Between Religion and Philosophy*）（Atlantic

为什么布伯会不情愿呢？这是因为，在布伯看来，神永远不会成为"它"。作为纯粹的"你"，神不会成为对象。言词只不过是不可表达的表达，不可言说的言说，指向神葆有的不可还原、不可言说的维度。神不能够成为形而上学意义上的概念或范畴，不会成为教理上的术语、礼拜仪式间接指向的神。布伯一直钟情于犹太神秘主义，但他认为逃匿世界遁入到私人的神秘合一并不能找到神，换言之，在个人神秘体验以及哲学家玄想的思辨斗室之中都无缘与神相遇。也就是说，只有在具有具体的社会需要和伦理义务的社会处境之中，人才会与神相会。对于布伯来说，一切教理、诫命，甚至启示叙事，毫无例外地沦入到"我－它"领域。仅就启示来说，布伯认为人与"永恒的你"的启示一直是自发的；它一直只有在现在发生；只有当人进入心甘情愿准备接受它的状态之中，它才会发生。这种自发性以及状态正是"我－你"关系的彰显。

启示体验除了记住不可言说的确信之外，是否可以提供一定的内容？在布伯的大多数作品中，布伯似乎认为启示给人带来一种意义感，让人充满一种意义感，但是不会产生出特定的洞见或命令。对此有人批判布伯，认为他的关系思想将神圣律法或礼仪的权威彻底铲除了。布伯同意这种批评。但是，布伯对于犹太史上记录的发生在犹太社团和"永恒的你"之间的启示性关系极为感兴趣。对于布伯来说，希伯来圣经叙述的是，当古代以色列作为契约社团最终理解自身为圣洁的民族的时候，它对"永恒的你"的回应。在布伯思想中，圣经启示在原则上与我们日常人伦之中的启示相一致。因此，这意味着现代人有可能享有隐藏在圣经记录背后的体验以及隐藏在过去其他真正的宗教自发性时刻产生的体验。在这个方面尤为吸引布伯的是十八世纪晚期在东欧围绕哈西德派大师而形成的社团。哈西德派大师教导说要圣化而非逃避此地此刻，神在生活之中的每个层面受到崇拜，而非仅仅局限于形式化的崇拜行为之中。布伯将此解释为哈西德主义给予现代人的重要指导。

概言之，在布伯看来，在一切真正的宗教核心存在着的是日常实在面向对话关系敞开，面向永恒的、始终临在的、绝对的"你"敞开。但是，现代生活处境以及许多学者的教导形成的氛围则并不利于建立、彰显和呵护这种关系，人们日益麻木不仁。这种状况被布伯称为"神蚀"[5]。当代的宗教和哲

Highlands, NJ: Humanities Press International，1952 年，1988 年），第 17－18 页。

5 神蚀并不是个别神学家和哲学家对现代社会生活的一种体认，实际上是一种普遍

学都处在这种神蚀带来的阴影之中。

二、神蚀学说

布伯关于"神蚀"的思想集中体现在《神蚀：宗教和哲学关系研究》一书之中。该书主要由布伯于 1951 年 11 和 12 月在美国的耶鲁、普林斯顿、哥伦比亚和芝加哥等大学的讲演汇集而成。该书一共由九篇论文汇编成，分别为："序言：关于两次谈话的报告"；"宗教和实在"；"宗教和哲学"；"神爱和神性观念"；"宗教和现代思维"；"宗教和伦理学"；"论伦理悬置"；"神和人的精神"；"补遗：回应 C.G.荣格"。其中的第一篇论文写于 1933 年，第四篇论文写于 1943 年。另外，1929 年布伯曾经以"宗教与哲学"为主题在美茵的法兰克福的叔本华学会发表演讲，第三篇同名的论文有部分段落取自该讲演稿。该书初版于 1952 年，由纽约著名的 Harper & Brothers 出版社出版；1979 年，由上述出版社授权分别由美国的人文出版社（Humanities Press）以及英国的收割机出版社（Harvester Press）出版；1988 年，由美国国际人文出版社（Humanities Press International，INC.）出版增加了"导论"的版本，该导论由亨特学院（Hunter College）的犹太社会研究专家罗伯特·M.塞尔茨（Robert M. Seltzer）撰写。

对于布伯来说，当务之急是要营救源初性的人与人之间的相遇关系。任何的描述，无论多么意义深远，也无论多么生动活泼，都无法代替实际的相会。[6]在《神蚀：宗教和哲学关系研究》一书中，布伯主要关注的问题是，在多大程度上，现代思想已经对人与神圣的"你"之间的直接联系冷漠无情，甚至抱有敌意。在《神蚀：宗教和哲学关系研究》中，布伯将他的对话方法

现象，在犹太教中除了布伯之外，海舍尔也认识到这个问题，参阅 A.J.海舍尔（A. J. Heschel）：《觅人的神：犹太教哲学》（*God in Search of Man: A Philosophy of Judaism*）（New York: Farrar, Straus and Giroux，1955 年）；A. J. Heschel《人不孤独：犹太教哲学》（*Man Is Not Alone: A Philosophy of Judaism*）（Philadelphia: Jewish Publication Society，1951 年）。另外，基督教思想家也有同样的认识，参阅奥特：《上帝》，香港，社会理论出版社，1990 年，朱雁冰、冯亚琳译，朱雁冰校。

6 本节内容主要参阅 Robert M. Seltzer: "Introduction", in Martin Buber：《神蚀：宗教和哲学关系研究》（*Eclipse of God: Studies in the Relation Between Religion and Philosophy*）（Atlantic Highlands, NJ: Humanities Press International，1952，1988），第 ix-xxii 页。本章参阅的《神蚀：宗教和哲学关系研究》一书为 1988 年的第 2 版。

和二十世纪欧陆最重要的思想流派作了一番对比，其中包括新康德主义、存在主义或生存主义以及精神分析学说。

布伯从德国犹太思想史之中挑选出赫尔曼·科恩（Hermann Cohen，1842－1918年）来作为批判的标本之一。科恩是犹太宗教自由主义的积极支持者，也是最杰出的康德思想的解释者，并因此成为十九世纪晚期新康德主义的代表人物。在科恩晚期犹太转向之后所撰写的犹太著作之中，像康德一样，在科恩那里，人们通过概念来把握实在。伦理一神论中的神只是一个观念，但是，在包罗万象的有效的哲学概念之中，它是一个关键性的观念。神观念保证逐步实现人类在历史之中的伦理使命，这种伦理使命构成犹太教富有希望的人类命运观的基础。布伯自己对科恩的犹太教思想并不表示过多的感谢，甚至对科恩提出的"相互关系"（correlation）思想[7]也无甚称谢。科恩创造性地提出"相互关系"思想，在犹太生存主义哲学史上开辟了关系或对话学说的先河。这种"相互关系"指神和人之间存在的互惠关系。但是，在《神蚀：宗教和哲学关系研究》中的"神爱以及神性观念"一文中，布伯批评认为科恩思想中人所爱的只是理念神。对于布伯来说，爱是维护两个真正位格的关系，先在于理念化而存在。在布伯看来，在像科恩新康德主义一类的思想体系中，纯粹的神观念尽管高贵和理性，但依然仅仅是无形的、人爱得以真实存在的神的"肖像中的肖像"。但是，布伯对科恩的批判也招致批评。人们也会问，布伯仅仅坚持认为自己的概念体系指向实在自身，由此来摧毁科恩一类人提出的哲学理念论。难道布伯自己关于"我一你"和"我一它"之间二元划分本身不也在建构形而上的主张，也要服从于逻辑检验，需要全面的理性辩护？布伯的"永恒的你"这个具有本根性和整全性的你性（Thouness）观念依然像科恩的理念神一样是属于哲学建构。

在《神蚀：宗教和哲学关系研究》中，"宗教和伦理学"一文最广泛地讨论了历史问题。该文试图将善恶之别和绝对的实在联系起来。布伯尤为关注"猜疑艺术"（art of mistrust）。这种哲学"……将生物学观点和历史以及心理学联系起来，试图将属灵世界揭示为欺骗和自我欺骗的体系、'意识形态'和崇高的体系"[8]。在这一方面，十九世纪相当著名的人物为路德维希·

---

7 参阅傅有德等著：《现代犹太哲学》，北京：人民出版社，1999年12月，第1版，其中关于科恩的章节。

8 马丁·布伯：《神蚀：宗教和哲学关系研究》（*Eclipse of God: Studies in the Relation*

费尔巴哈（Ludwig Feuerbach，1804－1872 年）。费尔巴哈"揭示"出神和宗教为人类需要的投射。费尔巴哈的人本学唯物主义思想成为卡尔·马克思的思想来源之一，后者将一切宗教体系包容在上层建筑之中，而上层建筑则竖立于人类的经济需要以及经济关系之上。对于马克思来说，一切的道德、政治、哲学和神学思想都是历史进程的产物或附带的表现形式，而非关乎某种绝对的显现。在该文中，布伯还论及十九世纪主要代表人物之一尼采。尼采将强力意志作为精神生命的基础。他接受尼采对现代性的病理学诊断即"虚无主义"，认为"虚无主义"是彻底的怀疑和哲学猜疑的直接后果。在尼采看来，这种彻底怀疑最终导致价值的失落，甚至传统意义上的最高价值也不能例外。那么，走出这种僵局的出路何在？布伯拒绝尼采的预言，即一种崭新的、完全自由的英雄式人物——超人——会横空出世，为人类创造出新颖而肯定生命的价值观。尼采将现代性处境概括为"神死"，由宗教设定的绝对不再成为价值的根基。对于布伯来说，尼采价值观中的"生物学"尺度——在伦理学上用强／弱代替善／恶——不是价值尺度，因此，并没有解决二十世纪人类文明中的困境。布伯评价说：

> 尼采基本上与在他之前的诸多现代思想家不同，他认识到绝对的伦理价值根源于我们与绝对的关系。他所理解的现代人类历史时刻是"信仰神以及信仰根本的道德秩序都不再可能"。他决定性地发出"神死"的呼号。但是，他提出的这一观点尚只是转折点，而非终点。[9]

尽管布伯批评费尔巴哈，但是费尔巴哈的爱的哲学仍然对布伯的对话哲学和关系思想产生了重要的影响[10]。另外一位对布伯产生相当大的影响的是十九世纪思想家齐克果（Sören Kiekegarrd，1813－1855 年）。在"论伦理悬置"一文，布伯谈到齐克果的代表作《恐惧与颤栗》[11]。在该书中，齐克果通过比较信仰骑士（knight of faith）和无限屈从骑士（knight of infinite resignation）

Between Religion and Philosophy）（Atlantic Highlands, NJ: Humanities Press International，1952，1988），第 108 页。

9　同上，第 110 页。

10　参阅马丁·布伯：《人与人》，张健、韦海英译，史雅堂校，北京：作家出版社，1992 年 8 月，第 1 版。

11　齐克果（Sören Kiekegarrd）：《恐惧和颤栗》（*Fear and Trembling*），阿拉斯泰尔·汉奈（Alastair Hannay）翻译（纽约：Penguin，1985 年）。

来说明信仰中的个体和主观特征。齐克果用阿加门农王作为无限屈从骑士的范例。在奔赴战场的路上，因为大风停息，阿加门农王的舰队在海中搁浅，只有将他的女儿伊菲琴尼亚（Iphigenea）献祭给神灵才会有大风。阿加门农王面临抉择：要么满足个人欲望，放过他女儿的性命，要么为大多数人的利益履行伦理义务献祭女儿。在面对这种"非此即彼"（either / or）的处境中，阿加门农选择了后者，因此在伦理意义上被视为英雄。与阿加门农对立的是信仰骑士，亚伯拉罕是其中的一个楷模。像阿加门农一样，亚伯拉罕被神呼召献祭他的独生子以撒[12]。"上述悲剧英雄和亚伯拉罕之间的差别非常显而易见。悲剧英雄依然处在伦理范围之内。他以更高的伦理表现形式让某种伦理表现形式具有目的；他将父子、父女之间的伦理关系还原为与伦理生活思想和情感之间的辩证关系。……在亚伯拉罕这里情况就不同了。在他的行动中，他完全逾越了伦理，具有超越伦理的更高目的，并悬置了伦理与这种目的关系。"[13]齐克果就此提出目的论上的伦理悬置：伦理是神对所有人的命令，但出于更高的目的则可以将之悬置；相对（亚伯拉罕对以撒尽伦理义务）被绝对（亚伯拉罕与神的关系）悬置起来。[14]布伯追问，当一个人将其最珍贵的东西向神献祭的时候，他如何知道他是被神要求的？在该故事中，亚伯拉罕听见一种真正属于神的声音，这一点不是自明的吗？在我们这个时代——布伯间接指向纳粹德国以及在斯大林专制统治下的前苏联——诚实的人为了一种虚假的绝对的神而说谎、折磨和屠杀他人，他们真诚地相信说谎、折磨和屠杀将会为社会正义和世界和平铺平道路。在该文的最后，布伯拒绝齐克果"目的论上的伦理悬置"：创世记第22章必须和弥迦书6：8[15]互补，后者教导说神所需要的真正的献祭是仁义、怜悯和谦卑。

在反对以科恩为代表的自由主义宗教的时候，布伯主张宗教不能够还原

---

12 创世记第22章。

13 齐克果（Sören Kiekegarrd）：《恐惧和颤栗》（*Fear and Trembling*），阿拉斯泰尔·汉奈（Alastair Hannay）翻译（纽约：Penguin，1985年），第87—88页。

14 本文关于齐克果"伦理悬置"思想的概述，参阅史蒂夫·维尔肯斯（Steve Wilkens）、阿兰·G.帕杰特（Alan G. Padgett）：《基督教与西方思想：哲学家、思想和运动史》（ *Christianity and Western Thought: A History of Philosophers, Ideas and Movements* ）第2卷《十九世纪的信仰和理性》（*Faith and Reason in the 19th Century*）（Dowers Grove, IL: InterVarsity Press，2000年），第162—164页。

15 该节经文为"世人哪！耶和华已指示你何为善，他向你所要的是什么呢？只要你行公义，好怜悯，存谦卑的心，与你的神同行。"

为伦理学；在批评由齐克果勾勒出的基督教新正统派的时候，布伯认为伦理学不能够被悬置。我们要问，布伯在批评齐克果的时候有没有削弱他的立场？的确，布伯没有就如下问题给出一个答案，即我们如何将一种启示性的声音确定为美善的神的声音？上文提到，布伯主张启示具有不可对象化的特点，这种观点难道不会让辨识神圣的标准产生困难？既然启示不可以成为人类理性认识的对象，那么人类如何辨别出人类伦理行为得以衡量的神圣标准？另外，这也使得《弥迦书》6：8 以及犹太传统视为至上的诫命中的深刻洞察成为问题。

贯穿整本《神蚀：宗教和哲学关系研究》的主题就是，在对话哲学思想参照之下，布伯认为现代思想中的彻底的主观主义业已阻碍人类接近超越，导致人类在属灵上对神永活的临在视而不见或麻木不仁。如今"我－它"侵占一切，没有任何竞争对手地成为当代技术社会的主宰和尺度。布伯提出的短语"神蚀"就是尼采的"神死"的犹太回音。布伯的"神蚀"意味着，在某个神光被阻挡的时代过去之后，再度可能在人与被置于人面前的绝对之间出现亲密的关系。现在神之实在在形而上学和道德意识中被瓦解了，但是，在社会层面上，人类富有生命力的宗教冲动没有被否定，神之临在会以令人惊奇的方式和方法再度显露出来。

对于布伯来说，当代人类至关重要的错误就在于设想人与神的相遇是人类的自我相遇。在"宗教和现代思维"一文中，布伯选出二十世纪三位具有代表性的人物，他们分别是德国哲学家马丁·海德格尔（Martin Heidegger，1889－1976 年）、法国生存主义作家让－保罗·萨特（Jean-Paul Satre，1905－1980 年）以及瑞士精神分析学家卡尔·古斯塔夫·荣格（Carl Gustav Jung，1875－1976 年），通过对他们的批评来表明自己的立场，即某种非人类起源的绝对是真正存在着的。在海德格尔探讨存在之本性的时候，他依然局限于现代阻碍人与神圣相遇的主体性之中。海德格尔在认识上澄清了诸如神或神圣一类词语的意义，这仅仅形成一种"新的肖像行列"。布伯分析通过人显现出来的存在当中"魔术般地"出现的某种神圣不是神圣的存在，不是"永恒的你"，后者使我们"窘迫和惊喜"，与之我们就会进入对话关系。布伯指出海德格尔的路径让他屈于虚假和恶魔般的圣洁之中，而有责任心的人会拒绝之，视之为错觉。布伯实际上在这里暗指海德格尔在 1933 年支持希特勒为"现在和未来德国的现实和法律"。海德格尔至少坚持认为新的"神和神祇出现"还是有可能的。而自称为"无神论的生存主义者"的萨特从现代社会神明显的"沉默"中下结论说，神不存在，或者说，在任何情况下，对于现代人来说神都是不存在的。在萨特看来，在无神的时代，人类只要认识到自己是创造自身价值的存在就将会重新获得曾经归于神的自由。在这里布伯再一次将他的"我—你"思想和萨特的人类生存中的纯粹主体性做了一番比较。"萨特从神之'沉默'出发，而没有追问我们没有倾听以及我们业已没有倾听在这种沉默之中起到什么样的作用。"[16]布伯坚持认为，只要意义和价值向人显现出来，而非像萨特所主张的只要人自由地选择或发明意义和价值，人们还是会接受它们的。

在处理荣格的思想方面，布伯主要关注荣格宗教心理学之中的形而上学。荣格拒绝弗洛伊德（Sigmund Freud，1856－1939年）将心理过程还原为性欲和死亡直觉，将宗教还原为婴儿的欲望。荣格的深度心理学认为宗教象征主义具有内在的涵义，他极为关注神秘主义、神话原型以及古代自我结构观。但是，布伯认为，荣格提出宗教只与心理事件而非超越人类灵魂的某种实在之间具有活生生的纽带，其中的错误在于荣格僭越了心理学的范围。布伯坚持认为人类的灵魂能够从其自身创造性力量之中得出形而上的断言，即使我们这里所指涉的这种"灵魂"是整个人类的集体无意识。荣格的神是"自发的心理满足感"，在布伯看来，这种神不过是人类没有能力把握独立于人类之外的绝对的另一个事例。布伯引用荣格早期的著作指出，荣格坚持认为自我能够整合对立的两极，诸如男性和女性、光明和黑暗、善与恶等，是古代诺斯替主义的现代版本。诺斯替主义作为初期基督教会以及公元前后犹太教遇到的最大的神秘主义主张，在不承认对终极神秘的真正信仰姿态的前提下拥有生命中最伟大的神秘知识。这种神秘知识被称为"诺斯"（gnosis），诺斯替派由此得名。[17]荣格现代版的诺斯在布伯看来就否定了启示中实在而无形无象的他者——结果将人类的直觉神话了。

《神蚀：宗教和哲学关系研究》一书的第九篇论文是该书的补遗部分。

---

16 马丁·布伯：《神蚀：宗教和哲学关系研究》（*Eclipse of God: Studies in the Relation Between Religion and Philosophy*）（Atlantic Highlands, NJ: Humanities Press International，1952，1988），第69页。

17 关于诺斯替主义的简要概述参阅布鲁斯·雪莱（Bruce Shelly）：《基督教会史》（*Church History in Plain Language*），刘平译，北京：北京大学出版社，2004年第1版，第55－60页。

在这里布伯反驳荣格对他的"宗教与现代思维"一文作出的回应。在反驳中，布伯进一步批判荣格的观点即神并非自在自为地存在，不过是人类心理或内在自我的产物。布伯对启示做出如下描述：

> 人类质料被拜访它的灵火融化了，在这里现在从灵火中迸发出一个语词、一个称述，这就是具有意义和形式的人、人的概念和人的言谈，以及对激发灵火的他〔指神——本书作者〕的见证以及对他的意志的见证。我们被〔神〕向我们自己显示出来——所能够表达的只是某种被显示出来的东西。[18]

由此来看，启示并不是单纯的自我发现，正如美善不纯粹是人类的发明，神不是人类投射的产物一样。只有紧紧抓住被体验到的内心的他者这个实在，我们才能够绕过无意义的深渊。

三、从二律背反走向二律合一

在批评尼采、海德格尔、萨特、荣格以及其他人的时候，布伯尚没有为信仰"永恒的你"提供哲学背景就嘎然而止了。的确，布伯否定任何可能会出现的根据主观性来对待神的做法。他解决信仰危机的方案是简单地指向"永恒的你"。在这一点上，布伯以独特的方式回应了现代人类与宗教之间的"我—它"关系，即我们"思考"（thinking）宗教，而非"活出"（doing）宗教；宗教成为心灵的属性，而非我们整个人的属性。这种病症在思想领域之中表现为，神成为我们的思考的观念，我们拥有并主宰它，而非与他之间形成相遇的关系。但是，在"宗教和哲学"一文中，布伯确信哲学让我们参加到"认识上的发现之旅"。布伯主张"我—你"关系在存在自身之中本为固有，那么问题在于，它又是如何彰显出来的呢？布伯对此没有给出明确的答案。另外，布伯在该书中始终认为，神并非如尼采所说的那样已经死亡，人永远要直面的圣容只是暂时被遮蔽了。但是，布伯自身并没有找到一条去蔽的道路，他只是简单地呼告现代人类要捕捉住、体验"我—你"关系。这种乐观主义态度因为缺乏现实的道路而显得珍贵和遥不可及。

从《神蚀：宗教和哲学关系研究》全书来看，布伯竭力反对自康德以降西方哲学的核心难题：如何重新联合主体与客体、认知者和被认知者、现象

---

18 马丁·布伯：《神蚀：宗教和哲学关系研究》（*Eclipse of God: Studies in the Relation Between Religion and Philosophy*）（Atlantic Highlands, NJ: Humanities Press International，1952，1988），第135页。

和本体？换言之，康德意义上的二律背反是否可以转换为二律合一？因为布伯全神贯注的客观世界与其说具有物理属性，不如说具有人类属性。这种难题尖锐地击中了西方哲学传统和现代性困境的要害之处。布伯选择一些哲学家来予以反驳，正如他自己评论的，人类具有双重本性，即一方面，人是由"下层"（物理属性和人类属性领域）"产生"出的存在，和此岸世界中的其他存在共同生活，另一方面，人是受到"上层"（生存论意义上的相会领域）"派遣"的存在，人被安置在矗立于前的绝对存在的正对面。布伯认为上述被批判的哲学家们对人类的双重本性漠不关心。布伯的弱点或许在于，在他诗意地抒发哲思的时候并没有严格地分析意识内的主体的两极本性，人们有理由怀疑布伯在没有陷入他强烈警告的将自主哲学绝对化的危险的前提下已经这么做了。但布伯的力量在于他拒绝意识形态和正统思想之同时接受信仰中智性上的冒险。[19]

（延伸阅读：马丁·布伯：《人与人》，张健、韦海英译，史雅堂校，北京：作家出版社，1992 年 8 月，第 1 版。）

---

19 马丁·布伯：《神蚀：宗教和哲学关系研究》(*Eclipse of God: Studies in the Relation Between Religion and Philosophy*) (Atlantic Highlands, NJ: Humanities Press International，1952，1988)，"导论"，第 xxi 页。

第九章　大屠杀、历史记忆与《罗兹挽歌》

（瑞典）史蒂夫·塞姆－桑德贝里（Steve Sem-Sandberg）：《罗兹挽歌》（*De fattiga i Lodz*，英译名：*The Destitute of Lódz*），王梦达译，上海：复旦大学出版社，2012 年 8 月第 1 版。

二十世纪的中华民族与犹太民族历经的磨难以及同类的共同记忆是二战"大屠杀"：中国以"南京"为象征，犹太人以"奥斯威辛"为标记。两个饱受苦难的民族不仅在上海、哈尔滨、天津、香港等地共克时艰，当代中国作家朱晓琳还专门以奥斯威辛为素材撰写了中篇小说《奥斯威辛墙》，温家宝作为共和国第一位参观"奥斯威辛－比克瑙德国纳粹集中和灭绝营纪念馆"并悼念遇难者的总理，于 2012 年 4 月 27 日深情发表如是感想："不能忘记历史，要铭记历史，只有记住历史，才能建设美好的未来"。对于具有悠久历史的中犹民族，历史记忆非但不是理所当然的恩赐、传统与能力，反而始终是一个课题、一个挑战、一个难题，甚至是一场需要不断抗争的战争、一场反抗反记忆或去记忆的记忆战争。

一、罗兹隔都

就犹太大屠杀，在波兰，不仅仅有为世人熟知的奥斯威辛，还有似乎并不那么闻名的罗兹。纪实小说《罗兹挽歌》以波兰的罗兹犹太人隔都（译文为"贫民区"）为叙事对象，以史料为基础，配上作者适度谨慎的想象力，给全世界读者勾画出一座如假包换的人间地狱：没有最邪恶的恶，只有更邪恶的恶。这座在雅利安人汪洋大海中不堪一击的犹太人"独立王国"成为名副其实的"隔都"。一切人间的邪恶在此尽情上演，人性中的一丝美好不过是黑暗的天空中的几颗流星——微弱的亮光偶尔一闪而过便迅速沉入似乎无边无际的泥沼粪堆之中。

阅读这样一部长篇小说，除了需要读者耐心充足，更需要读者有一颗柔软而刚强的良心。谁能够在近四十万字数砌成的罪恶通天塔中，哪怕偶尔有烛光摇曳，能够呼吸均匀、肠胃运转正常的呢？事实上，作者所叙说的主要对象尚不足六百万大屠杀牺牲品中的百万分之一，至于真实的大屠杀事件几近或就是无限的不可言说、难以言说。

二、对民族苦难的历史记忆

对于这类真实到荒谬的历史，对于中国的 9·18、南京大屠杀的历史，摆在今日消解一切真实真理的后现代语境面前的是一个迫切需要回答的难题：我们如何记忆？

我们所需要的首先不是一种道德谴责、哲学反思，甚至不是冰冷而客观的史料、学术文论，更不是激情的宣泄，而是一种对大屠杀历史的感同身受的集体记忆，一种穿透、撞击人类最深沉最内在心灵的集体记忆。这种集体历史记忆尽管要以伦理、哲学与史学研究为前提，但是它们首先要转化为、生成为普通民众的记忆，才会真的让历史真相变得神圣而不可侵犯。

"侵犯"民族苦难历史的最大力量不是他人以及施暴者的否定或抹杀，而是民族历史承载者自身或主动或被动的否定即遗忘。遗忘是一种无形而强大无比的动因，侵蚀着不可重复的自然时间、独特的历史事件和无常的人生，使之变得面目全非，甚至无影无踪。时光荏苒，代代转递，社会变迁。个人记忆无法保证形成或传递集体记忆，而集体记忆也不是一种自然而然生成的现象，相反，它是文化与教化塑造的产物。由此，后奥斯威辛时代，全世界犹太人不惜一切代价追讨纳粹分子并绳之以法，设立大屠杀纪念日，建立大屠杀纪念馆，推行大屠杀研究与教育，其原因正在于此。透过文化与教化的塑造，集体记忆首先成为个人记忆，成为"为了我"的记忆。对于大屠杀事件而言，记忆者自身优先关注的问题不仅仅是大屠杀本身，而且是"我"所经历的大屠杀，或者说，以大屠杀幸存者的角色经历大屠杀。透过这种内在化的层层累积，大屠杀事件转化为个人生命的一部分。若个人的犹太身份能引导犹太人记忆大屠杀，那么大屠杀记忆则创造出一个经历大屠杀的犹太人。这种个人化的记忆才既是个人的，也是集体的；既是当下的，也是指向过去与未来的；既由犹太身份诱发形成，也强化、延续犹太身份。在一定意义上，一个民族文化身份的形成端赖于以节庆、礼仪、典籍、音乐、图像、实物传承的集体记忆；一旦离开这些集体记忆，一个民族文化的身份就变得模糊不清、似是而非或显得面目全非。

在民族苦难转化为一个民族的集体记忆之一部分之后，提升民族苦难的集体责任伦理就显得尤为可贵和迫切。任何一次或一场民族苦难自身，通过当下的集体记忆指向过去和未来。这种"指向"不是一种简单的历史呈现或复制，而且更是一种道德承担。以道德的方式承担已经发生的民族苦难不限于运用法律和伦理对施暴者加以惩罚和指责，最为关键的是在承继历史记忆的同时，愿意承担民族苦难所必需担负的似乎属于他人的责任。"似乎"意味着哪怕民族苦难的施暴者不是当下的自己，但是自己愿意承担施暴者的责任，藉此承担民族苦难记忆的个人将对历史真相的尊重转化为自身对民族苦难的道德责任。正是这种"转化"可以帮助一个民族放下孟姜女式的哭倒长城的悲情，消除祥林嫂式的自怨自艾情结，也可以破除以迫害者—受害者身份相互抵消责任的虚假辩护，同时可以防止一个民族将自己的苦难偷换为一个民族的狂欢庆典。在面对民族苦难上，恐怕没有哪样一种形式像后者这样以隐蔽的方式掩盖对民族苦难的历史记忆与道德承担。当全民族为过去的民族苦难举办庆功宴的时候，一个民族的道德已经彻底沦丧：因为一个有道德的民族，谁会在自己民族苦难带来的累累白骨、千里坟茔上载歌载舞？因为一个有道德的民族，只会以悲悯和谦卑的行动弥补、修复、治疗任何一次无限、永远无法弥补的伤痛！

三、罗兹挽歌与人学悲剧

一旦我们以此为切入点来重新认识大屠杀，《罗兹挽歌》就提供了一份不可多得的经典文本。这部以瑞典语撰写的诗史著作几近于以纪录片的方式叙述波兰罗兹犹太人的隔都生活。贯穿整本小说的主调是阴沉、灰暗、肮脏、血腥，充满饥饿、贪婪、背叛、变态、阴谋与死亡，让读者心生压抑、恶心。

但是，这一切都是在纳粹主义者的集体疯狂中发生的心理危机的产物吗？参与迫害的被迫害者也是在一种集体无理性的状态下肆意虐待、屠杀犹太同胞的吗？是主角之一的蕾吉娜·瓦恩贝格所辩护的"激情犯罪"吗？作者的笔触所勾画的迫害者，不论是元凶还是帮凶，以集体疯狂来为他们的犯罪寻找原因无疑是对受害者的最大羞辱，也是为他们洗罪的最冠冕堂皇的理由。或者可以如汉娜·阿伦特（Hannah Arendt，1906－1975年）从社会学角度将大屠杀悲剧归于极权主义政治？心理学与社会学解释实际上都"偷走"了整个大屠杀中的独特因素——犹太性（Jewishness）。犹太大屠杀之所以在犹太教中专门用希伯来文 Shoah 来指称，其中的一个重要原因是，Shoah 仅仅而且仅仅指"犹太人被纳粹大屠杀"，正如当代汉语中"十年浩劫"仅仅且仅仅指不可重复的悲剧："十年文革"。

小说《罗兹挽歌》始终围绕着犹太人与雅利安人之间的巨大分野展开叙述。隔都以有形的方式被迫将犹太人与其他人隔离开；而隔都还被迫以意识形态、军事、道德、宗教、生活方式中的无形方式受到隔离。犹太人之被纳粹大屠杀，其独特性在于被屠杀者仅仅是犹太人。主流的纳粹主义意识形态这样评论犹太人："在德国人眼里，犹太人只能以集体形式存在，有固定的数量、配额和质量"，"实质是令人憎恶的劣等材料"。当犹太人之作为犹太人不再被作为人看待的时候，作为人的一切尊严就丧失殆尽，"当死亡已经不再成为一个私人的选择时，私人物品或是私人财产又何从谈起呢？"人之基本的生命权、财产权、追求个人幸福的权利对于作为"传染性脓疮"的犹太人而言根本就是虚无。被物化的犹太人甚至对犹太人也作如是观：在犹太工头眼里，装卸的犹太工人和废铜烂铁没有任何区别；"他所需要见到的只是持续的卸货、装运"。犹太人在所谓的高等人种甚至被纳粹赋予一定权力的犹太人面前可以被任意进行物理学意义上的宰割、运输、焚烧与埋葬。

罗兹挽歌所哀悼的是犹太人的人学悲剧——独特的人性被剥夺。但是，它未尝不是哀悼人类的人学悲剧——一切人在马丁·布伯的"我—它"世界中都会成为作为物而存在的"它"。从这种角度来看，心理学意义上的变态、社会学意义上的极权主义暴政都不过是将任何一个"我"变成"它"的工具。罗兹哀歌悼念"犹太"人的死亡，而一旦"犹太"人死亡了，人类离开"人"之死亡也不远了，或者说，"人"已经随之死亡了；一旦"犹太"人被作为非人，将"犹太"人非人的人也非人化了，或者说，自以为高人一等、贵人一级的"人"已经丧失了基本的尊严与价值。人类历史上因为人为原因死亡人数最多的二十世纪留给二十一世纪最大的教训正在于此！这个警钟需要时时为二十一世纪每个你我敲响，否则，人类死亡的丧钟就一定在二十一世纪向你我响起！因为二十一世纪人类文明的更新依然离不开一个古老的希伯来信条：每一个人的生命都是神圣不可侵犯的；忘却对杀大屠杀的记忆在本质上是谋杀作为个体之生命的神圣不可侵犯性！以集体的方式遗忘大屠杀或类似的民族苦难在本质上正是谋杀作为一国一民中一个个真实个体的鲜活生命及其独特的神圣不可侵犯性！

四、对大屠杀的记忆与消费

笔者尊重推荐汉语读者阅读此书，原因之一是此书堪称以大屠杀为主题的经典小说，在汉语语境并不多得。虽然此书是一部诗史小说，但是与其他以通俗文化的方式记忆大屠杀的载体相比较，此书可以与《安妮日记》（*The Diary of Anne Frank*，导演 George Stevens，1959 年）、《夜与雾》（*Night and Fog*，导演 Alain Resnais，1955 年）、《浩劫》（*Shoah*，导演 Claude Lanzmann，1985 年）、《辛德勒名单》（*Schindler's List*，导演 Steven Spielberg，1993 年）、《奥斯威辛》（*Auschwitz*，导演 Uwe Boll，2011 年）相媲美。就《罗兹挽歌》而言，它与上述电影作品一样采取的是求真派（purist）的路径，尽可能采用第一手的原始资料，以真实的历史素材为根基再现大屠杀悲剧，尽可能将大屠杀作为一个独特的主题处理，既避免使用吸引读者眼球、商业上可能带来利润的文学手段，又以忠实于历史记忆的方式对大屠杀主题表达出尊敬与敬意，避免背叛大屠杀的牺牲者、羞辱幸存者。这一取向不仅由作者在全书结尾加以特别点出，而且读者从全书正文中也可以品味出作者虽身为小说家，但不乏历史学者的严肃、认真与严谨。从如泣如诉的行文中，细心的读者甚至可以判断出作者为了保持原汁原味、追求历史的再现而有意放弃使用创作上的自由与想象力。这部作品就这样与民粹派（populist）区分开。对后者而言，作家可以运用创作的自由重新构造、使用大屠杀事件，将之作为一种比喻或符号运用到自己所选择的主题当中。这种路径将大屠杀事件普遍化，消解了其中的独特性。《苏菲的抉择》（*Sophie's Choice*，导演 Alan J. Pakula，1982 年）、《朗读者》（*The Reader*，导演 Stephen Daldry，2008 年）尚是两部哲理性非常强烈的电影，《美丽人生》（*Life is Beautiful*，导演 Roberto Benigni，1997 年）、《钢琴战曲》（*The Pianist*，导演 Roman Polanski，2004 年）算得上是讲述犹太人故事的大屠杀素材电影，而《伪币制造者》（*The Counterfriters*，导演 Stefan Ruzowitky，2007 年）的娱乐性色彩远远重于历史真实性，《无耻混蛋》（*Inglourious Basterds*，导演 Quentin Tarantino、Eli Roth，2009 年）则纯粹为了娱乐而娱乐，将大屠杀事件作为商业消费素材来支取与使用。

若将上述路径相互比较，二十一世纪，即二战大屠杀事件发生三代人之后，否定大屠杀的途径除了遗忘之外，还有一种常常被忽略但更加值得警惕的方法就是将大屠杀变成任意消费的符号，服务于个人或某些群体的利益：或作为旅游消费产品，或用作娱乐工具或道具，或拿来为政治利益增加砝码。求真在一个以消费主义、世俗主义为圭臬的后现代时代显得尤为可贵而不可或缺。

笔者推荐此书的第二个理由是我们汉语读者需要在想象力中经历犹太大屠杀，将犹太人的悲剧转化为我们的悲剧，这样我们自身的悲剧不仅有了比照，也有了更加切入骨髓的体认、反思与批判。夏虫藉此未尝不可语冰。让六百万犹太人（其中有二十万罗兹犹太人）的死亡在汉语读者的生命中变得不是毫无意义的惟一办法就是记忆。汉语读者记忆的意义，我们先不必许诺说可以阻止悲剧再次上演，在道德上强化对社会和个人不公的认识，但至少可以证明我们不会因为忘却而让六百万牺牲者再死一次。世上有什么比让亡者再次亡故的遗忘更让亡者悲凉的呢？世上有什么比将亡者作为符号来消费并以此记忆亡者实际上让亡者加速再度死亡更加悲哀的呢？

五、瑕不掩瑜的精品译作

《罗兹挽歌》可以堪称是近年来不可多得的译著精品。其"精"的原因，首先在于本书是从笔者一窍不通的小语种瑞典语直接移译过来的，仅凭这一点此书获得一定的赞赏就是它本应当配得的奖励；其次在于其中涉猎大量的希伯来文、意第绪语、波兰语、德语等多种语言和犹太教文化知识，对于译者，这既需要时间，也需要专业训练，可以想见，译者在这方面颇费周折与精力；再次，译者还花费大量时间查阅文献，为读者提供注释，方便阅读；最后在于译者的文笔流畅，能让当代汉语读者领会原文的叙事风格与写作技巧。

但是，不可否认的是，正如任何一位译者都不是百科全书式的人物，该书译者也不例外。笔者根据自己的专业认为，全书在将来修订中需要注意以下几个问题，并与译者商榷，以期臻于完美：1、二战期间，纳粹在占领地区建立的犹太人聚集区，即城中城，通常被称为"隔都"或"犹太区"（ghetto），而非一般意义上的"贫民区"。2、犹太人的宗教场所一般译为"犹太会堂"（synagogue），而基督教的宗教场所一般译为"教堂"（church），全书将两者未作区分，均译为"教堂"，会让人在阅读时产生误解，以为犹太人的隔都中还有"教堂"存在。3、根据专业习惯，"正统犹太人"一般译为"正统派犹太人"（Orthodox Jews）；希伯来文"阿里兹以色列"（Eraz Israel）译为"以色列地"，即圣经中的应许之地、巴勒斯坦地区；塔姆德（Talmud），译为"塔木德"，此书被誉为犹太教的第二圣经。中译本第 42 页的"塔木德诗"以及第 100、103 页的"塔木德诗集"，鉴于笔者的才学浅陋，不知原文所指何谓，塔木德是拉比犹太教对圣经的评注汇编，似乎没有诗歌收录其中。第 87 页的"经文匣和祈祷带"（Tefillin）实际上指的是经文匣，包括装有经文的匣子和将匣子系在身上的带子。圣经以斯帖记中的人物"莫德察伊"（Mordecai）一般译为"末底改"。这些微小的瑕疵再次证明好的翻译绝非易事。读者有幸获得这样一本译著精品，可以稍稍宽慰大屠杀主题带来的沉闷压抑和道德愤慨。

（延伸阅读：克劳斯·费舍尔：《德国反犹史》，钱坤译，江苏：凤凰出版传
　媒集团、江苏人民出版社，2007 年第 1 版。）

第十章　汉语需要神学：神学学与学神学——《谁需要神学》引论

（美）史丹尼·格兰兹（Stanley J. Grenz）、（美）罗杰·奥逊（Roger E. Olson）：《谁需要神学？：神学即是让我们正确的思考》，陈玉棠译，刘平校，上海：同济大学出版社，2012年。

一、末世需要神学学

时间已经定格在 2012 年。

这是一个颇为流行刺激而尚带有宗教味道的数字。随着电影《2012》在全球吸金，据说源自玛雅文明的末世思想就这样再次吸引地球村的村民们：人类又将遭遇末世事件？之所以用"又"一词，不言而喻，人类在历史上已经以不同方式在不同时空遭遇了未曾实现过的末世。这就是业已消失的文明在当代文化中的还魂。

那么，这种将宗教、当代大众文化、人类终极问题混合在一起的数字事件，是否与基督教神学无关呢？推而广之，我们生活其中的当代文化是否与基督教神学无关呢？事实上，可能有些人会认为，基督教也应当为末世定一个具体的时日和地点；可能也有些人会主张，这种 2012 情结与基督教根本无关，圣经不是说"有人用他的理学和虚空的妄言，不照着基督，乃照人间的遗传和世上的小学就把你们掳去"（歌罗西书 2：8）？甚至有人会追随时尚，认为基督教没有为世人计算出末世的具体时间，反而不如外邦文化来的灵验。

基督教神学从来就既不缺少对此类问题的回应，也不用采用回避策略回避世界及其文化所提出的挑战。对于基督教神学而言，这种关于末世的争论本身并不陌生或新奇。基督教传统认为，在基督第一次降临与第二次降临之间的历史时期都处于人类的末世，但是圣经两次几乎一字不差地藉着耶稣基督本人告诫世人，"那日子，那时辰，没有人知道，连天上的使者也不知道，子也不知道，惟独父知道"（马太福音 24：36；马可福音 13：：32）。如果连圣子都不知道，何况我们这些出自尘土归于尘土的人呢？基督教神学所提供的答案是清楚明白的。

从以上的 2012 案例，我们至少可以获得以下几点认识：

其一，健全的基督教神学可以帮助我们将基督教的信念与各种异端与异教区别开，在显明自身的独特性之同时，批判非属于基督教正统的神学，从而对于稳定世道人心发挥理论上的积极作用。

其二，基督教神学的本质是以圣经为本的，并继承历世历代的教会神学遗产，积极在当代文化处境中说明与阐释基督教核心信仰。

其三，基督教神学并不像我们日常想象中所认为的那样高不可攀。实际上，当我们从圣经中寻找理据，从近两千年的神学遗产中耙梳出正统的信念，以我们当代文化可以理解的语言作出说明、解释、分析与批判，我们就已经是神学家了。

而以上的几点认识正是《谁需要神学》的作者在这本小册子中力图要传递给读者们的主要思想之一。由此可见，该书不是一部让人望而却步的神学大全或系统神学。恰恰相反，这本书是对神学研究本身的研究。它告诉我们什么是神学，什么是基督教神学。基督教神学又当划分出哪些类型？信仰纯正而又具有反思精神的基督徒应当选择哪种类型的神学？从事神学研究需要哪些工具与训练？这些问题的答案构成了该书的主体部分。我们可以随着作者活泼生动、线索清晰的叙述进入到神学研究的大门。在这种意义上，该书是一本非常不错的有关"元"神学或"神学学"的书。它不是一般意义上的庞大的神学体系，从圣经论一直论述到末世论，往往让普通读者在晦涩之山疲倦而困顿。它也不是一本论述神学历史的书，但是历史上的神学传统被整合其中。就该书以神学研究本身为研究对象而言，鉴于它深入浅出，如同讲故事那样娓娓道出要义，这本小书是一部不错的神学学普及读物，极为适合于普通信徒、神职人员以及大学院校中从事基督教神学研究的师生阅读。就是那些没有宗教背景的人士，也可以轻松阅读此书，并从中得到不少的启发和帮助。

二、汉语需要学神学

自从 1990 年代之后，直至今日，中国大陆在公共空间中已经出现了两股涉及基督教神学的潮流。笔者将他们概括为：力挺基督教神学派（挺基派），反对基督教神学派（反基派）。而前者又包括三种关乎神学学的争论。这种争论在进入 2012 后非但没有尘埃落定，反而可能因为反基派走到沉寂的反面，似乎会变的愈加火热。

反基派不言而喻指所有反对基督教神学的群体。挺基派则包括：属于新教的三自教会内部兴起的神学思想建设，以丁光训（1915－2012 年）为代表[1]；在大陆学术界内部勃兴的汉语神学[2]与学术神学[3]。所以，近廿年以来，大陆汉语圈子内部从教界与学界两个方面为基督教神学的合法性进行辩护，（尽管至

---

[1] 参阅丁光训：《丁光训文集》，南京：译林出版社，1998 年。特别参阅《论三自与教会建设》、《论神学思想建设》、《论圣经》、《论上帝》、《论基督》，上海：中国基督教三自爱国运动委员会、中国基督教协会，2000 年。

[2] 参阅杨熙南主编：《汉语神学刍议》，香港：汉语基督教文化研究所，2000 年。

[3] 参阅黄保罗：《汉语学术神学：作为学科体系的基督教研究》，北京：宗教文化出版社，2008 年。

今这两个方面之间并没有显而易见的直接互动与关联），基督教神学在表面上显得热闹而繁华。但是，我们回顾所来径，得出如下一个粗浅的结论大概不会有错：我们尚在为基督教神学自身的身份或"基督教神学是什么？"进行辩护。尽管我们还翘首以盼大陆汉语基督教神学学界和教界能有奥古斯丁一类的基督教神学家出现，当然，这种期盼在近来还是看不出实现的迹象，但是，只要我们提出这种追问，或者说，只要我们以反思的精神去思考这个关于基督教神学本身的问题，我们可以说，我们已经就是基督教神学家了，——就已经走在遇见伟大的基督教神学家的道路上了。毕竟，建立一套神学系统，特别是在当代大陆汉语圈子中建立一套神学系统，还需要具备许多重要的条件。姑且不论这些条件到底是哪些，对基督教神学本身的追问本身就是其中的一个不可或缺，有时甚至具有优先地位的条件。就此而言，我们需要"学神学"。而该书则为有心的读书尽可能快地跨入神学门槛提供帮助。

对于那些反基派，阅读这本书也是有所帮助的。它可以帮助这些人厘清基督教神学的边界，不必一见到"神学"就端起政治正确的架子，以政治正确为最高尺度，对基督教神学横加指责。如果一个人对自己所批判的对象都一无所知或所知甚少，他或她就将自己批判的火力点投向对方，那么这种批判的努力和勤勉可嘉，而批判的态度则不可取。在一定的意义上，该书可以帮助挺基派知道自己从事的神学事业本意何在，也可以帮助反基派知道前者的工作存在之可能性与必要性。当然，如果我们指望一本小书可以解决所有问题，那么就对此书所报的期望值太高了。但是，该书无疑在无意之中为此时此地的汉语语境中的误读、矛盾提供了一种化解的方法，而且这也正是该书的题中应有之意。

三、健全的基督教神学

作为该书的校对者，也作为当前处境中的汉语基督教神学学者，笔者推荐大家心平气和地阅读此书。它可以告诉我们一个健全的基督教神学对于教会（不论是平信徒还是神职人员）、对于大学（不论是基督教神学家还是非基督教神学家）、对于教会与学界之关系，甚至对于政界、教界、学界之关系，都不是毫无裨益的。但愿大家带着批判反思的精神阅读此书并从中有所取舍。

（延伸阅读：奥尔森：《基督教神学思想史》，吴瑞诚、徐成德译，上海：上海人民出版社，2014年。）

第十一章　袖珍神学小百科——
《简明神学》简评

（加）巴刻（J. I. Packer）:《简明神学》(*Concise Theology*)，张麟
至译，美国：更新传道会，1999 年，2007 年。

一、维真橡树

第二个千禧年年末，温哥华在千里冰封万里雪飘中迎来圣诞节。喜气洋洋的假期之后，维真学院的春季学期将笔者从奢华的商城、肃穆的教堂拉到书香浓浓的学校。大楼外依旧寒冷，大楼内已经春意盎然：学子们的青春和教师们的学识都让我有一种恨不得长成一棵参天大树，将一切的浓荫碧绿都归给自己。

在这样一个理性学识和青春激情交相辉映的地方，有一位年纪74岁的老先生，依然在每个工作日自己驾车，按时上班按时下班，风雨无阻，像一棵橡树，成为维真校园的风景。最为难得可贵的是，他对所有来访者，不论师生，还是非师生，都在教师开放时间里细心接待，有来必见，有问必答。在维真校园里，只要提及他的名字巴刻（J. I. Packer，1926年－），没有人不肃然起敬。这种尊敬出自内心对巴刻先生的道德文章的景仰。

切切记得我第一次约见他时，他瘦高的身子谦卑地站在慕名而来的东方学子面前，温柔细语。那样一种谦和的高贵让我毛糙的心平静和安宁。这种谦和的高贵也是高贵的谦和，透明如窗外温哥华初春的阳光，让人温暖，让人心向往之，也愿意如他一样成为那样的春光。再等我旁听他的系统神学讲座的时候，我自以为是的英文在他思维慎密、逻辑上环环相扣、神学上严密无缝的讲论面前一败涂地。我追随不上他的讲论。但是，我知道我所面对的是一位真正的大师，一位谦卑如学徒的大师，一位虔敬如书童的大师。这种言传身教的力量在我干枯贫瘠的心灵上打下深深的踪迹。藉着这个无形可感的踪迹，我找到巴刻先生生命的源头，并以此而感到荣耀。

二、巴刻：当代改革宗大纛

巴刻先生出生于英国，主要受教于英国的牛津大学。他在这座执国际学术之牛耳的高等学府中获得从本科到博士的学位。在巴刻就读于牛津时，他曾听过C.S.路易斯的演讲。尽管他本人与刘易斯并没有交往，但是刘易斯的教导给他留下了不可磨灭的影响。他在牛津完成博士学位后，曾在英国从事神职、教职，也继续学习神学。1978年，他曾参与签署了《圣经无误芝加哥宣言》（*Chicago Statement on Biblical Inerrancy*），申明圣经无误立场，坚持新教保守派观点。1979年，他至加拿大卑诗省的维真学院执教至今。

巴刻先生的神学属于改革宗或加尔文主义。他著述丰富。其成名作，也是影响力最为久远的书是《认识神》[1]。此外在汉语基督教圈子中，已经移译为中文的著述有：《基督徒须知》[2]、《字里藏真》[3]、《活在圣灵中》[4]、《生命的重整》[5]、《传福音与神的主权》[6]、《重寻圣洁》[7]等。

巴刻先生被公认为是二十世纪全世界最具影响力的福音派神学家之一。他的神学思想既与纯粹的教会讲坛神学不同，也与纯粹的学院派学术神学有差异。他是一位集丰富的牧会与教学经验于一身的神学家。这种阅历非但没有降低两个方面的水准，反而使得两个领域都相得益彰：一方面可以将所学所思运用到牧会实践中，另一方面可以将牧会实践中的所言所行提升到学术领域上。所以，巴刻先生将渊博学识、保守的神学以及虔敬的心灵融合为一体，无论是在教学与写作上，还是在牧养与关怀上，都已经使许多人获得裨益。

三、以小见大的典范

此书已经由更新传道会出版。自出版以来，该书一直是海外英语圈子和汉语圈子最为畅销的书之一。这绝不是没有原因的。《简明神学》属于大家写小书的典范。之所以如此肯定这本书为"典范"，其中原因有三。

首先，对于普通读者而言，其中既包括普通大众，也包括学术界非基督教研究专业人士，对于基督教研究中最为基本的概念或范畴，往往要么不知所云，要么人云亦云，苦于缺乏将平实的叙述与扎实的学术平衡得当的著述。而摆在诸位面前的这部小书正是弥补此类遗憾的精品。它以基督教研究中最为基本的概念或范畴为框架，按照系统神学的脉络，用简明扼要的文笔将复

1　有两个译本：巴刻：《认识神》（*Knowing God*），林来慰译，香港：证主出版社，1997 年；巴刻：《认识神》（增订版），尹妙珍译，香港：证主图书中心，2011 年。

2　巴刻：《基督徒须知》（*I Want To Be A Christian*），黄文祐译，香港：宣道出版社，2004 年。

3　巴刻：《字里藏珍：圣经基本主题研究》（*God's Words-Studies Of Key Bible Themes*），林来慰译，香港：宣道出版社，2004 年。

4　巴刻：《活在圣灵中》（*Keep In Step With The Spirit*），霍玉莲译，香港：宣道出版社，2008 年。

5　巴刻：《生命的重整》（*Hot Tub Religion*），文逢参译，香港：宣道出版社，2002 年。

6　巴刻：《传福音与神的主权》（*Evangelism and the Sovereignty of God*），赵中辉译，台湾：改革宗翻译社，刊载于网络 http://cclw.net/other/cfyysdzq/index.htm。

7　巴刻：《重寻圣洁》（*Rediscovering Holiness*），石彩燕译，香港：天道书楼有限公司，2005 年。

杂深邃的神学问题一一呈现给读者。普通读者一方面借此可以轻松进入恢宏的学术殿堂，一方面对令人高山仰止的神学思想有所领悟和理解，且这种领悟与理解也都完整、系统、清晰、明了。

其次，此书在表面上似乎是简明神学辞典或袖珍神学百科全书，但是在本质上，它是一部浓缩型的系统神学。对加尔文神学略知一二的读者不难发现，此书不仅本身多处从《威斯敏斯特信纲》中摘录精要，而且其本身就是《威斯敏斯特信纲》的精华版——用概念或范畴的方式将之系统化、简明化。所以，有兴趣的读者不妨将本书与《威斯敏斯特信纲》、《威斯敏斯特大要理问答》、《威斯敏斯特小要理问答》相互参照阅读，可能会更进一步帮助读者领略清教徒神学的独特魅力。而巴刻先生被誉为二十世纪最后一位清教徒。此书更是可以帮助我们一窥巴刻先生如何运用现代语言阐明具有重大历史意义的福音派神学传统的风貌。

其三，该书体现出巴刻先生立足圣经的基本神学立场，试图以圣经为根基，用简明扼要、逻辑严整、神学正统的笔触为读者讲述圣经中最基本的神学问题，告诉读者如何在二十、二十一世纪后现代、世俗主义潮流激荡之下，准确、完备地把握圣经中的精髓和要道。

（延伸阅读：约翰·加尔文：《基督教要义》，约翰·麦克尼尔编，福特·路易斯·巴特尔斯英译，钱曜诚等中译，孙毅、游冠辉修订，北京：生活·读书·新知三联书店，2010 年。）

第十二章　花落留香——《基督教大辞典》述评

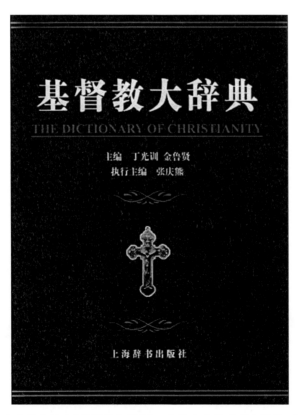

丁光训、金鲁贤主编：《基督教大辞典》，上海：上海辞书出版社，2010 年。

一、被遗忘是对花匠的赞美

在学术研究领域中，辞典类的编撰和出版往往给人一种简单轻松的感觉。毕竟，最后落入读者手中的作品就是一本厚重的工具书，需要的时候大家才翻阅查找，平常的时候，就让它们静静地待在书橱上。而且，就是在当下使用的时候，读者所查阅到的内容也是简明扼要的，属于学术或某个领域的常识，算不得宏论和巨著。所以，当读者阅读辞典类的工具书的时候，其书越是易于检索，编撰者的辛苦就越是易于被人遗忘。而对于编撰者来说，这种遗忘正是一种最高的奖赏了。这一点正如赏花之人多半会认为花美，并不会想到花匠的辛劳，这种遗忘也算得上是对花匠的赞美了。

二、花落留香

如今摆在读者面前的这本厚厚的工具书就属于这种情况。若从编撰的历史来了解它，它前后耗时十三多载；若从参编者人数来了解它，它是在数十位学者共同努力的情况下出炉的；若从字数来掂量它，它是目前大陆出版的字数最多的基督教辞典；若从内容来考量它，它是大陆至今出版的内容最为全面的基督教辞典；若从汉语基督教类辞典的字数来考量它，它是至今全球规模最大的汉语基督教综合类辞典。当然，衡量一本辞典地位之高低的还是它自身所蕴含的独特要素。就此而言，这本辞典的独特性至少体现在：

第一、它是近三十年来，中国基督教研究的一次小小的总结。近三十年来，中国基督教研究在大学建制中取得了长足的进展，其中的不少学术成果都深刻地体现在这本辞典中，例如相关词条涉及汉语神学、汉语圣经译本、当代世界基督教的发展、世界基督教的各种新兴教派、亚非拉地区基督教运动等。其中不少词条都是第一次出现在汉语基督教辞典中，纠正了不少过去错误、不准确、片面的看法和认识。例如有关汉语圣经译本的词条颇受学界的好评，其中的原因是这些词条已经尽最大努力收集了从景教至二十一世纪各种汉语圣经译本，对于开拓我们了解中国基督教发展历史、圣经汉译历史都具有重要的参考价值——至少可以帮助读者按照历史的脉络了解整个圣经在汉语中的自我前进的历史，其种类之多，历史之长久，的确会让读者发出一种感叹：圣经自身就是一部丰富多彩的史话。

第二、它是中国教会界和学术界合作的一次有益尝试。基督教大概可以归纳为两个方面，一是教导，二是传道。就中国语境而言，教会界重传道而轻教导，学术界重教导轻传道。而这部辞典，通过两界的合作，我们可以看到，中国可以在学术界通过教导而将基督教的方方面面展现给中国民众，也可以在教会界通过传道而将学术界的成果转化为自身经验的一部分。

第三、它为了突破教派之争，尽量本着一种学术中立的立场，博采众家的观点，为汉语基督教研究提供有益的工具。汉语基督教的发展离不开基本的学术研究工具，该辞典正好满足这种需要。就基督教研究而言，学者和普通读者往往会陷入一种宗派或教派视野，为某种或某几种宗派或教派立场所左右。该辞典则秉持学术中立，客观描述、展现各个宗派或教派的观点和立场，最后的价值选择由读者自己去评判。这一特点特别体现在神学词条的编写上，相关词条与基督教内部的各个宗派或教派的神学思想密不可分，而宗派或教派神学上的分野特别体现在词条或核心术语上。该辞典则综合主要宗派或教派的神学立场和观点，提供一种浓缩版的百科全书词条，让读者可以在最短的时间内尽可能全面地了解神学上的差异性。

第四、它是至今大陆出版的内容最为全面、涉及种类最为广泛、涵盖历史最为广大的一部辞典。其中涉猎到基督教的历史、神学、教派、教制教职、礼仪、圣经研究、教会机构、神学院校等。虽然这部辞典不会穷尽基督教的一切方面，但是，可以肯定地说，这部辞典已经尽力囊括了基督教的方方面面，将读者带入到基督教自身中丰富繁复的宫殿——其中的细微之处必定需要后来者补充和加工，但是整个框架和建筑的博大和气势足以让任何一位有兴趣的读者觉得不枉此行。

该辞典的出版得到中国学术界和国际学术界、国内出版届的鼎力支持。大概直至今日这也是一本耗时最长的汉语基督教辞典。许多最初的参与者已经渐行渐远，也有后来者渐行渐近。经过一番辛劳，花已落，香必长留。

（延伸阅读：中国大百科全书出版社上海分社：《简明基督教百科全书》，上海：中国大百科全书出版社上海分社，1982 年；文庸、乐峰、王继武主编：《基督教词典》，北京：商务印书馆，2005 年。）

第十三章 （后）现代"属世"的纠结与解结——评纪克之的《现代世界之道》

（加）纪克之（Craig M. Gay）：《现代世界之道》（*The Way of the (Modern) World: Or, Why It's Tempting to Live As If God Doesn't Exist*），刘平、谢燕译，北京：北京大学出版社，2010 年，第 1 版。

一、属世／分别为圣的纠结

大凡熟悉近一百多年欧美基督教神学的人，实际上都有这样一种认识：基督教神学以及教会内部处于一种张力之中，或者说得严重一点，处于一种斗争之中。这种张力或斗争具体体现为：基督教到底应该逃避这个世界，仅仅关注自己的圣洁生活，还是走入这个世界，积极去改造这个世界？如果需要划分阵营的话，大概可以这样归类，前者属于保守派，后者属于自由派。这两派之间的争论不仅在欧美至今还在延续着，而且让人困惑着，更为重要的是，受到欧美影响的中国学界和教界未尝不为这种困惑所烦恼。在这种意义上，分析批判这种张力或斗争在理论上就具有普遍意义了。

加拿大维真学院的纪克之教授凭借多年深厚的学术功底在《现代世界之道》一书中，以勇于批判的新教福音派神学立场，一针见血地指出，上述困惑的根本就是基督教神学到底如何理解提问中所涉及到的"世界"一词。福音派学界泰斗、维真学院的巴刻教授在给该书所撰写的序言中，言简意赅地将之概述为，上述争论归根结底就是属世（worldliness）和与属世分别为圣（separation）之间的纠结。如果对中国最近百年教会历史和神学有点体认的人，对这些词语也并不陌生，经常在耳边响起或在文本上寻觅得到："你太属世了，应当过分别为圣的生活！""不要属世界，而要属神！"或者，"要用基督教救国！"……这种教导常常那么真切地回响在我们的周围。所以，这本书还不仅仅可以让我们隔岸观火，对我们理解欧美福音派神学的自我批判和反省有所助益，而且也是对我们当下生活的一种间接反映，有助于我们从他者之境中来反观自身处境中的问题。

二、解结：属世的真相

任何宗教之所以被称为宗教，其重要的一点就是与这个世界有所分别，追求一种超越今生今世的境界，而不论这种超越所采取的是由内而外或是由外而内的途经。其中的焦点就是"这个世界"、"此岸"、"今生"、"今世"。人终究活在这个世界上，每种宗教的旨趣就是提供一条道路让人能够（尽管）活在今世而超越今世。但是，人往往要么完全陷于这个世界，而不能自拔，要么完全从这个世界之中退隐，与世无争，或修行在山林，或在沙漠中做克己的工夫。前者就是所谓的俗人了，而后者就是所谓的隐士了。俗人之俗在于他们完全属于世界、贪恋世界，以世界为起点和归宿，用基督教神学术语来表述就是"属世"，而隐士就是完全脱离世界，过一种与属世分别为圣的生活。借用中国传统中的语词来表述就是，上述两类人的差别就是"入世"和"出世"的困顿——前者只有"入"而无"出"，而后者只有"出"而无"入"。

但是，作为基督教神学之来源和基石的圣经所给出的答案，既不倡导俗人的生活，也不倡导隐士的生活。它所要求的是一种"居间"的状态：就如耶稣在约翰福音 17：13 以下中教导他的门徒的，人应生活**在**世界**上**（*in* the world），但不应**属于**世界（*of* the world）。概言之就是，要在俗世中过圣洁生活，在世上过不属于世上的生活，成为颇具吊诡意味的**俗世圣徒**。

由此我们可以推论出，人要生活在世界上，但又不属于世界，其中的"属世"或"世界"必定存在着某种问题，否则的话，我们大可不必生发出这种吊诡的难题。上述提及的保守派和自由派的纠结也尚未跳出对属世的理解：保守派指责自由派属世，追求政治行动主义而放弃了重生和悔改，自由派指责保守派缺乏社会关怀（言外之意，就是与世无关），陷入蒙昧主义。那么，相互指责了一百多年的双方到底问题出在何处呢？

纪克之的分析可谓入木三分：双方对世界的理解都出现了误差！实质上，保守派－自由派之争各自抓住问题的一个方面——保守派看到了世界的本质表现为个人的不道德，而自由派认识到了世界的本质表现为社会上的不正义。而各自所捕捉到的仅仅是一种表象，而没有认识到世界或属世在本质上是将实在的神从日常生活中排除出去的对实在的解释。所以，纪克之明确指出：这种"世界"或"属世"事实上是对人类事务领域的一种解释，这种解释过于看重人类的主体性，并过于忽视神的主体性。这才是问题的关键所在。纪克之在这本书中为我们提供了一种关于"世界"的世界观，换言之，提供了一种从福音派神学立场有关"世界"的认识框架。有了这个框架，我们对基督教神学和历史上的世界问题或属世问题就有了独到而清醒的认识：这样的世界在本质上是反神的，古今皆然。

当代的属世则表现为现代性或后现代性的形式，其属世性更为精巧和深入。纪克之认为，"现今最狡诈的'属世'诱惑，其表现形式并不必然就是性纵欲，甚或是社会政治压迫上的阴谋，而是认为不用太多想到神我们也可以继续我们在世上的日常生活，这既是可能的，——事实上还是'正常'而且便利的做法。"[1]它以各种似是而非或貌似合理的形式吸引人的注意力。它以科学、民主、自由、理性、主体性、多元主义等方式获得自身的合法性，在西方和全球成为一种潮流，并在政治、科学技术、经济和文化中取得高歌猛进的胜利以及惨痛的失败。而这些被我们视为理所当然的思想、观念、制度之背后的问题到底出在何处？纪克之认为，这种现代结构的本质就是属世，即非神、反神，由此所导致的可怕后果就是非人、反人。人类在二十世纪所经历的成就和失败（而失败显然远远大于成就，两次世界大战、核威胁和生态危机就是最好的证明）都可以归结为一点：曾经为启蒙运动所标榜的人类主体性、理性法则（或法官）、进步主义等一切思想恰恰走到了其自身的反面。当人类站在九一一之后的历史地平线上，我们的确需要一种诚实的反思：我们人类的问题到底出在何处？——纪克之的回答不可不谓为一种于无声处生惊雷：就出在我们自身对自身的认识上，我们似乎把人作为人来看待，但是我们过着非人的生活，历史留下的是非人的印记。纪克之从基督教神学传统出发，进一步提出人类若要获得真正的人性尊严，必须回到人性尊严的源头——神。位格神学为破解当代以及历代的属世危机提供了思想来源：神是有位格的，所以，作为神的形象的人，具有位格性。在这种意义上，人才可以有尊严和价值可言；神是有位格的，神的位格是一种关系性的实在，所以，作为神的形象的人，只有在关系性中才可以获得并建立爱的关系。若再以我们自身的历史和现实经验来检验这些言论的正当性，我们不得不承认我们需要谦卑下来倾听另外一种声音，否则我们真的可能以人的名义做毁灭人的行径，而竟然无所畏惧、无所顾忌、无所所谓。

三、当代基督教的属世性批判

上文说到纪克之是一位诚实的神学家，这种诚实不是一种刻意的赞赏，而是这本书本身所带给读者的真实感受。在这本书中他毫不隐讳地揭开基督教与当代属世性的关系。他的深入分析切入到基督教隐秘的伤痛：基督教自身为现代社会提供了重要的思想资源，而发展壮大后的现代社会正在埋葬基督教自身！笔者认为，纪克之至少在如下两个方面切中了基督教自身的

---

1 纪克之：《现代世界之道》，刘平、谢燕译，北京：北京大学出版社，2010年，第4页。这也是对原书的副标题"或为什么我们正受诱惑地生活着，好像神并不存在"的说明。

神经：

　　其一，检讨新教保守派的适应路线。当代新教保守派对各种现代思想和假设采取回到私人宗教经验的策略，寻求从战场撤退的方式使基督教信仰免受现代性影响，从而在神学和宗教生活上出现了显而易见的私人主义倾向。但是，通过拒绝直接参与现代性，保守派由撤退达到抵抗（resistance-by-withdrawal）的策略实际上使社会和文化所有部分都服从于世俗化过程。纪克之毫不客气地指出这种做法所带来的恶果："由撤退达到抵抗的策略还有一个讽刺性的后果就是使基督教信仰对努力保持它的人来说也是不甚真实的东西。总之，如果基督教信仰与每天在工作中或政治生活中或广大文化生产和交换中所发生的绝大部分事情毫无关系的话，那么它还会有多牢固呢？"[2]因此，我们不无惊奇地发现，由撤退达到抵抗的策略只不过使基督教信仰更易于受到私人化逻辑和当代普遍流行、泛滥成灾的主观主义治疗术（各种心理治疗理论和实践）的影响。

　　其二，纪克之采用"掘墓人假设"进一步分析基督教与现代社会之间的密切关系。他认为，基督教（尤其是新教）最终（尽管无意）必须为现代世俗社会和文化中播下毁灭它的种子负责任。举例而言，新教强调个人良知，这已经成为现代公民权中最基本的部分，而当今为无神论宣讲和严厉反对基督教的权利提供了保障；新教对世界"祛魅"，进一步为现代科学对自然进行世俗研究，并从而为对自然世界进行世俗、人类中心主义的统治提供了宇宙论基础，彻底否定了神与宇宙世界的关系；著名的"新教伦理"也在实质上助长了现代资本主义的世俗精神和现代特有的自主个体性的风气……。简言之，事实是新教在大量意义重大的方面培养了它自己的现代掘墓人。"现代特有的抱负是，通过世俗技术和／或经济进步、通过种种追求社会和政治变革的世俗意识形态运动，甚至通过准宗教的个人启蒙技巧，实现自主和自我创造，这些都可以看作起源于福音对现代社会和文化的影响。实际上，现代社会和文化体现出人们在基督教的社会和文化成就的基础之上否定基督教。这一讽刺解释了现代社会和文化的诸多特性为什么会具有吊诡的一面。"[3]现代社会实际上是用个体自主、自由和进步等德性（它们的根源都是基督教）首先削弱了基督教教会的权威，如今最终甚至威胁到神本身

2　同上，第 212 页。
3　同上，第 216 页。

的权威。

四、当代中国基督教与属世无关？

纪克之清醒地认识到基督教有意无意中推进了当代的属世性，或者是说，基督教在根本上要为当代社会普遍存在的属世性负起责任，从而促动二十一世纪的新教福音派以及自由派需要细细思量自身与当代属世性之间的关系。对于后起的当代中国社会，对于正在追求现代化的当代中国人，当基督教神学在回应现实问题的时候，如果它现在正需要借鉴欧美的得失，对于我们自身的当下处境来说，特别是对于那些喜欢将基督教与当代中国社会的市场经济相接轨的人以及"宅基督徒"而言，这本书的确都是正当其时的，让我们变得冷静而理智：基督教可以与当代中国社会的市场经济接轨，但是这种接轨可能以牺牲基督教中最内在的灵魂救赎信息为代价；而宅基督徒们在以个人得救为人生的最高目的的时候，可能对当代中国社会的不公正、生态危机以及道德沦丧显得超然而冷漠。就此而言，当代中国基督教非但不是与属世无关，而是与之密切相关。正是因为如此，本书评所推荐的书之价值与意义就不言而喻了。

（延伸阅读：米歇尔·艾伦·吉莱斯皮：《现代性的神学起源》，张卜天译，
湖南：湖南科学技术出版社，2012 年。）

第十四章 "从他们的眼睛看世界"¹
——评《在华盛顿代表上帝——宗教游说在美国政体中的作用》

（美）艾伦·D.赫茨克（Allen D. Hertzke）:《在华盛顿代表上帝——宗教游说在美国政体中的作用》（*Representing God in Washington: The Role of Religious Lobbies in the American Polity*），徐以骅、黄凯、吴志浩译、徐以骅校，上海：上海人民出版社，2003 年。

---

1 艾伦·D.赫茨克:《在华盛顿代表上帝——宗教游说在美国政体中的作用》，徐以骅、黄凯、吴志浩译、徐以骅校，第 216 页。英文版参阅 Allen D. Hertzke: *Representing God in Washington: The Role of Religious Lobbies in the American Polity*（Knoxville: The University of Tennessee Press，1988），P.211.

一、"从他们的眼睛看世界"

《在华盛顿代表上帝——宗教游说在美国政体中的作用》（下文简称《代表》）系美国政治学教授艾伦·D.赫茨克（Allen D. Hertzke，1950 年－）的成名作和代表作。赫茨克教授科班出生，先后就读于科罗拉多州立大学、科内尔大学和维斯康星－麦迪逊大学，分别获得文科学士、科学硕士和哲学博士学位（1986 年），现为俄克拉荷马大学政治学教授和卡尔·阿尔伯特国会研究中心（The Carl Albert Congressional Research and Studies Center）副主任。赫茨克教授的研究主要涉猎美国政治学、国会研究、政教关系以及政治理论等领域。赫茨克教授除著有《代表》一书外，还著有《不满之回声：杰西·杰克逊、帕特·罗伯逊与人民党主义的复苏》（*Echoes of Discontent: Jessie Jackson, Pat Robertson, and the Resurgence of Populism*，1993 年）以及即将出版的《让神的子孙自由：以信仰为基础的新人权运动》（*Freeing God's Children: The New Faith-Based Movement for Human Rights*），另外合著有《美国的宗教与政治：信仰、文化与战略选择》（*Religion and Politics in America: Faith, Culture, and Strategic Choices*，1995 年初版，1999 年再版），以及与 R.彼得斯（Ron Peters）合著的《原子式的国会：对政治变革的解释》（*The Atomistic Congress: An Interpretation of Political Change*）。他撰写的主要论文有《信仰与倾向：宗教选民与华盛顿精英》（Faith and Access: Religious Constituencies and the Washington Elites）[2]等。赫茨克教授先后于 1995 年和 1998 年被授予艺术与科学学院（College of Arts and Sciences）UOSA[3]杰出教授和俄克拉荷马杰出政治学家等荣誉称号。[4]

《代表》原系作者的博士学位论文，1988 年由田纳西大学出版社出版后，获得广泛好评，被公认为当时关于美国宗教游说团体的"最全面深入的研究"。[5]布鲁金斯学会（Brookings Institute）的 A.詹姆斯·赖克利（A. James Reichley）评价说该书是"迄今为止对华盛顿宗教团体游说活动最为详尽的考

---

2 关于该文的简要介绍参阅董小川：《20 世纪美国宗教与政治》，北京：人民出版社，2002 年，第 128－129 页。

3 即"俄克拉荷马大学学生会"（University of Oklahoma Student Association）的英文简称。

4 关于赫茨克的简历可以参阅俄克拉荷马大学（University of Oklahoma）的网站：http://faculty-staff.ou.edu/H/Allen.D.Hertzke-1/main.html。

5 艾伦·D.赫茨克：《在华盛顿代表上帝——宗教游说在美国政体中的作用》，"译者序"，第 1 页。

察。他对主要的右翼和左翼宗教游说团体均作了公允和细致的分析。该著作将成为任何有兴趣想知道更多关于这一重大课题者的主要参考资料。"[6]现已故的原美国信义会神学家和政治理论家、1990年皈依天主教的罗克福德学会（Rockford Institute）的纽豪斯（Richard John Newhaus，1936－2009年）则认为"这本书是对正在迅速增加的有关美国公共生活中之宗教的学术文献的一个重大贡献……在未来的岁月里，艾伦·赫茨克所研究的问题甚至将变得更为紧迫。"[7]中国大陆美国宗教与社会问题研究专家徐以骅教授评价认为该书"是关于宗教游说的'20年一遇的好书'，无论在理论探讨与运用、涉猎范围之广度来说都超越了前人和同时代人的研究。"[8]"作者将关于宗教游说的讨论置于传统政治学关于利益或游说团体的所谓主流研究之中，使该书无论是对美国宗教和政治研究者还是对一般社会科学研究者均有较大参考价值。"[9]

　　该书结构清晰、主题鲜明、重点突出。全书总计七章和一个附录。第一章实际为该书序言或作者自己所称的"开场白"[10]。该章从杰弗里·贝里（Jeffrey Berry）提出的"游说活动爆炸"（advocacy explosion）现象入手，简明地提出全书的基本观点或主题，即"如不了解宗教的政治介入的动力，便不能充分了解美国的政治"[11]。针对美国学术界对美国政治的宗教面向研究的历史和现状，赫茨克做出整体性的评估："仍令人吃惊地不全面和浮浅"，[12]因此他单刀直入地提出自己的方法论以及运用这种方法研究华盛顿宗教游说团体的独特收获——认识到宗教利益和美国政治之间存在着互动关系。接着，赫茨克先介绍二十世纪八十年代"美国宗教政治介入热"这一现象，在理论上总结美国政治学界对利益集团研究的历史，对利益集团精英论、利益

6　同上，封底。

7　同上，封底。

8　同上，"译者序"，第2页。

9　同上，"译者序"，第3页。

10　同上，第15页。

11　另外参阅艾伦·D.赫茨克：《在华盛顿代表上帝——宗教游说在美国政体中的作用》，第162页，作者重复了他的结论："不理解宗教向度就不可能理解美国政治。"他进一步补充说，"鉴于现代美国政治制度的性质，我们的制度确实因'我们'信教而更具代表性"。他在代表权理论探讨中总结认为"美国的任何代表权理论都必须考虑到宗教面向"，第212－213页。

12　艾伦·D.赫茨克：《在华盛顿代表上帝——宗教游说在美国政体中的作用》，第1页。

集团经济利益支配论以及利益集团寡头政治本质论提出置疑，认为宗教游说团体对上述定论都在一定程度上作了修正，揭示了利益集团的多样性和复杂性。最后，赫茨克还对全书结构做了一番简要的说明。第二章"美国例外论和宗教的政治行动主义"将研究置于美国历史处境之中，在美国宗教实践特殊的行动主义和多元主义背景下分析历史上的宗教的政治介入。该章首先认为，历史上的美国宗教具有适应力和活力，所以宗教实践或承诺的变化通常会延伸至政治体系。该章其次追溯了宗教游说的历史根源，论证认为当今宗教文化生活的多元主义在华盛顿的政治游说活动中大致上得到反映。该章最后举六个事例（自由派新教、基要派、天主教、犹太教、福音派、黑人福音派）说明宗教游说团体在意识形态上的多样性，而这种多样性已成为宗教游说在国会体系中发挥集体作用的一个重要方面。第三章"政治战略、有效性及国会环境"分析宗教领袖影响公共政策的努力。该章说明宗教游说团体与其他游说团体在策略上并无不同，指出日益增长的动员支持者的重要性日益影响到主要当事人的战略考量。该章还指出宗教游说者可有效地倡导自己的立场，但其中存在着一个重要的悖论：在"见证"信仰与赢得更多的斗争之间存在着难以调和的冲突。该章最后谈到维持基层组织网络的必要性将助长策略上的实用主义，这对基要派尤为明显。作者认为，鉴于基要派好斗的言辞，这是他的一个特别令人感兴趣的发现。第四章"代表权和宗教游说之简介"为全书最为出彩之处。在该章和下一章赫茨克以汉娜·皮特金（Hanna Pitkin）[13]的代表权（Representation）理论作为框架，分析宗教游说团体所发挥的特别多元的代表作用。该章发展了皮特金的代表权理论，说明宗教游说团体的代表性在教会机构、神学价值观及世界范围的成员上均具有独特的表现。该章的主要价值正在于作者在多方面运用和发展了皮特金的代表权理论，表现出作者创建性地将代表权理论和宗教研究结合起来的探索精神。第五章"代表国内支持者"是第四章代表权理论研究的延续。该章将宗教游说团体的立场与支持者（以及更大范围的公众）所表达的情绪作了比较，利用图表分析表明在诸如堕胎和学校祈祷等社会问题上，宗教游说团体在关注的

---

13 皮特金教授于 1961 年获得加尼弗里亚大学贝克莱分校哲学博士学位。为当代政治理论家。她的主要研究领域为古代和现代欧洲政治思想史、政治和社会理论中的心理分析问题和女性问题研究。代表作有：《代表权概念》（*The Concept of Representation*，1967 年），《维特根斯坦和正义》（*Wittgenstein and Justice*，1972 年，1984 年，1992 年）等。

主题上存在着分工，基要派领袖及一些天主教和福音派游说者大致上表达了其成员和更为广泛的公众的意见，尤其是非精英民众和少数派的情绪，而自由派教会游说团体则在一些经济和外交政策立场方面得到一定的支持。该章举例说明游说政策和成员情绪之间的差异，但从战略现实的角度来看，宗教游说团体中的寡头政治倾向对代议制民主带来的麻烦并不大，对于宗教游说团体来说，寡头政治式游说远不及代表性的游说更加具有吸引力。该章还分析表明直接通信组织具有与传统教会不同性质的代表性，并得出结论说直接动员支持者这种做法在压力体系中起着独特的代表作用。该章最后争辩说宗教游说的集体作用就是要扩大美国政体中分散和非精英利益的发言权。第六章"宗教游说与政教关系之国会决策"是对第98届国会期间涉及绝大多数宗教团体的重大立法斗争所作的个案研究。该章诠释了贯穿全书的许多论题，指出不论在局内还是局外，宗教利益集团均能对全国性政策施加影响。该章概述了动员支持者这一需要对改变宗教游说者和国会议员的战略考量具有巨大的威力，阐述了教会群众基础作为政治资源的重要性，特别是福音派和基要派领袖利用电视传媒联系支持者。该章进一步说明宗教游说团体的多元主义，尤其追溯了福音派和基要派之间及两派与反虔信派之间的重要分歧。该章还讲述了战略环境的性质，强调指出国会环境对党派的影响，特别是对那些信奉国会渐进主义模式的一些基要派游说者的影响尤为明显。第七章"代表权理论与宗教面向"作为全书的结语就宗教行动主义对美国政治和宗教的意义提出一些思考，重申了全书的结论。[14]在"附录"部分，赫茨克对其使用的方法作了特别的说明和辩护，并将研究访谈对象做了简要罗列。赫茨克认为他的研究方法的独特性在于摒弃许多美国学者在该主题研究上的两个弊端：与研究对象保持距离；过于注重理论抽象。赫茨克则试图减少这种距离感，既从现实的事例出发又从宗教行动主义者自身来理解他们的世界。这种"从他们的眼睛看世界"的立场既表明作者研究方法的独特性，也契合了该书的结论——宗教游说团体在一定程度上能够代表广泛的非精英的草根民众。

二、游说活动爆炸以及宗教游说与国会关系之研究

　　美国的宗教游说与国会关系研究当属政教关系、美国政治、国会研究和

---

14 这里关于该书第二章至第七章的概述参阅艾伦·D.赫茨克：《在华盛顿代表上帝——宗教游说在美国政体中的作用》，第15—17页。

政治学中的环节之一。赫茨克对此专题的突破性研究无疑在这些领域具有拓展性的意义，使得这一长期不被重视的领域成为二十世纪晚期和二十一世纪初美国学术界的一个热点和亮点。

在前赫茨克的美国政教关系研究领域中，即至二十世纪八十年代，美国政治学术界关注的焦点集中于宗教对投票行为的影响、宗教利益对抗世俗力量以及诸种宗教利益和法院之间关系等方面，对于宗教游说与国会的关系研究则明显关注不足。即使对于国会与宗教游说团体之关系的研究也存在着三个方面的问题。其一，它们的研究均基于二十世纪六十年代所收集的资料，因此不能够与时俱进，也就是说，不能够从时代发展了的处境面对杰弗里·贝里提出的"游说活动爆炸"现象并解剖两者关系，反映在研究成果上，在赫茨克之前关于该主题的研究成果主要限于卢克·埃伯索尔（Luke Abersole）的《在国家首都的教会游说》（*Church Lobbying in the Nation's Capital*，1970年）和詹姆斯·L.亚当斯（James L. Adams）的《在华盛顿日益增长的教会游说》（*The Crowing Church Lobby in Washington*，1970年）两部，其二，它们的研究涉猎范围有限，研究对象以及从研究对象中抽取出的结论不具有普遍性。例如，艾尔弗雷德·O.赫罗（Alfred O.Hero）的《美国宗教团体看外交政策：普通成员舆论之趋势，1937－1969年》（*American Religious Groups Veiw Foreign Policy: Trends in Rank-and-File Opinion*，*1937－1969*，1973年）以及与《代表》同年问世的马修·C.莫恩（Matthew C. Moen）的《宗教右翼与国会》（*The Religious Right and Congress*），前者探讨的是宗教团体与美国外交政策的关系，后者考察了二十世纪八十年代基督教保守派在美国国会的活动，涉猎范围都较窄，没有将宗教游说团体广泛关注的主题以及左翼包括进来。其三，它们的研究将该主题隶属于其他研究，成为其他课题的子问题。其他关于美国宗教与政治之关系的论著，如杰弗里·贝里的《为民众游说》（*Lobbying for the People*，1977年）只将宗教游说团体列为一般意义上的游说团体来研究，A.詹姆斯·赖克利（A. James Reichley）的《美国公共生活中的宗教》（*Religion in American Public Life*，1985年）和肯尼斯·D.沃尔德（Kenneth D. Wald）的《美国的宗教与政治》（*Religion and Politcs in the United States*，1987年）等也都只附带地提到宗教利益团体的活动。此外，单单从代表权理论出发研究宗教游说团体的学者也在取材和立场上存在偏差，不仅局限于少数几家意识形态团体，而且对这些团体持批评态度，将持不同意识形态的宗教团体的形象极端窄化：自由派教会脱离信众，基要派教会好斗且缺乏公众支持。在这两种情况下，这些研究都没有注意到在极化的意识形态之间存在着其他宗教利益团体，更没有发现表面上似乎极化的意识形态之间也存在着妥协、折中甚至于联盟的可能性，最为关键是没有认识到具有美国特色的宗教行动主义对于政策的实际作用与影响。造成这种不景气局面的原因恐怕出于如下几个方面：知识精英缺乏宗教信仰所带来的先入之见对宗教动力视而不见，换言之，知识精英宗教视角的缺失意味着对于宗教介入政治的动力的认识出现盲点，在研究上出现有偏见的选择带来有偏见的结论这一宿命论式的定局；学术界普遍假设政治现代化与世俗化之间存在直接关系，而将政治现代化与宗教（在欧美尤其与犹太－基督教传统）之间的渊源关系清洗掉；学术界一直以自由的怀疑主义为自身安身立命和获得合法性生存的依据，这种自由的怀疑主义习惯和定势在造成与宗教信仰发生冲突的同时，也自然而然地忽略对具有犹太－基督教传统和背景的欧美现代公民显在的宗教信仰及其实践缺乏严谨的学术态度。另外，在二十世纪八十年代之前，宗教游说相对不发达也不失为一个重要的现实原因。从历史上看，在首府华盛顿设立永久性教会游说团体相对较晚。1916 年卫理公会为开展禁酒运动在华盛顿设立第一个教会游说机构，1919 年天主教会在华盛顿设立"全国天主教福利理事会"（"美国天主教议"的前身）来处理和应对公共政策问题。目前美国首都的绝大多数教会游说团体都是在二十世纪四十、五十年代后陆续出现的，如 1943 年贵格会在华盛顿设立第一个实际登记的宗教游说团体"公谊会全国立法委员会"，至二十世纪五十年代许多教会和"全国基督教协会"开始在华盛顿设立办事处。而宗教行动主义则更晚，至二十世纪六十年代始宗教游说团体开始为未来的政治介入提供先例。民权运动是宗教行动主义的导火索，教会支持制定了 1964 年《民权法》，接着是自由派教会反对越战、基要派开展道德重整运动、天主教主教团发表关于核战争和国内经济的牧函，再就是宗教新右翼的崛起及其有争议的政治活动如反堕胎、反色情等[15]。赫茨克的研究表明，在 1950 年华盛顿只有十六家主要宗教游说团体，而到二十世纪八十年代中期这类团体至少有八十多家，[16]是三十多年前的五倍。

---

15 参阅艾伦·D.赫茨克：《在华盛顿代表上帝——宗教游说在美国政体中的作用》，第 31—44 页。

16 同上，第 5 页。

据美国学者保罗·J.韦伯（Paul J. Weber）确认，1985 年有七十四家宗教游说团体[17]。根据韦伯和 W.兰迪斯·琼斯（W. Landis Jones）所编的工具书《美国宗教利益集团》（*U. S. Religious Interest Groups*，1994 年）的统计，二十世纪九十年代初美国宗教游说团体已增至一百二十个[18]。宗教游说团体的相对不发达自然导致理论上的不在场。

鉴于上述存在的问题，赫茨克在宗教的政治介入研究上在方法论上力图突破旧有的窠臼，用涵盖面广泛的宗教利益研究方法展开他的专题研究。简言之，这种研究方法就是以华盛顿游说活动为考察对象，通过探讨华盛顿宗教游说团体的多样性、它们彼此之间的密切联系以及共同面临的政治限制，从而将有关宗教游说团体的特殊变量和反映美国政治制度本质的变量区分开来，由此揭示宗教利益和美国政治之间的互动关系：一方面宗教利益在影响着美国政治，另一方面，美国政治制度特别是国会环境引导、限制以及在某种情况下改变宗教的政治"见证"。这种研究方法无疑扭转了在该领域存在的困境：注意研究对象的广泛性、多样性和多元性克服了机械论意义上的脸谱式研究，注重研究对象之间关系的复杂性和动态特点避免了非此即彼的二元主义尴尬，特别是关于宗教利益和美国政治之间存在互动关系这一带有概率论成分的结论从另外一个层面深化了美国例外论——在美国不仅有社会主义的例外，在宗教利益和美国政治之间关系上美国在二十世纪没有形成现代欧洲的两大诟病即极"左"和极"右"力量带来的世纪性的灾难，这不能不说是一个引人注目的例外。究其原因，这种例外与美国的宗教行动主义和宗教多元主义及其对美国政治制度之间的互动影响密不可分。

赫茨克之所以做出上述研究，其中的直接原因在于他能够抓住时代发展的最新动态，对"游说活动爆炸"现象在细致的观察和详尽的理论研究的基础上做出独具眼光的回应。在二十世纪八十年代，美国社会生活出现了一股明显的宗教行动主义潮流或趋向，如信义会攻击美国政府支持尼加拉瓜反政府武装，长老会支持国会对非洲提供食品援助，圣公会向来自萨尔瓦多的难民提供救助，天主教支持核禁试，罗马天主教、福音派、基要派反对堕胎和色情，教会领袖宣布有意参加总统竞选等等。与这种潮流或趋向相一致的是美国政策制定过程出现了新的"转向"，即从法院系统的少数人政治转向国

---

17 同上，第 20 页，注释 14。

18 同上，"译者序"，第 3 页。

会多数人寻求一致意见的政治。与这一转向相对应的则是更多的游说团体
（其中包括宗教游说团体在内）介入国会进行游说。面对这一纷繁复杂、政
治热情高涨的大转向，美国政治学界的普遍态度是一个"冷"字，视之为
"同一持续不断的主题的现代变奏"[19]，即是美国简短的历史上的宗教行动主
义在当代的延续，其中并没有潜隐着什么新的动向。与这种"老调重谈论"
不同，赫茨克通过对国会议员助手及宗教游说团体的大量个别访谈、民意
测验和文献资料认为在二十世纪五十一八十年代，在美国社会生活中，宗教
的政治介入出现新的特点：波及的人数和涉猎的议题范围广泛，动员了原来
消极无为的民众，意识形态更加多元，以华盛顿为基地的游说团体的数量迅
速增长。他认为这一繁荣复杂的宗教介入政治局面折射出美国宗教行动主义
例外论的历史根源，同时揭示出被学术界和公众普遍认同的美国社会形象——
——一个由单子式个人组成的大众社会及其世俗化的大众文化——的另外一个
面向，即美国存在着最重要的志愿性组织即教会，它们在潜移默化地影响着
美国社会的个人生活，在自身被改造的同时参与并改变着美国的现实政治图
景。

正是通过切中时代的脉搏，借助于独特的方法，赫茨克在政治学领域揭
示出美国宗教政治化的独特意义。在美国学术界有一个较为公认的判断即在
全球化时代出现了一种相互涵化的现象：政治宗教化和宗教政治化[20]。就美国
来说，教会政治化成为美国宗教生活中的一个重要特征，但政治学界并没有
充分重视这一自二十世纪五十年代以来呈现端倪的社会学特征。政治学研
究领域普遍关注国会、政党与政治之间的关系，但对于美国政体中的利益集
团以及作为其中之一部分的宗教团体的研究除了普遍关注不足之外，还对
其所具有的潜在而独特的作用存在着种种偏见，甚至对其研究对象也表现出
模棱两可的态度。二十世纪四十一八十年代的美国学术界对美国政治制度
中的利益团体研究简史证明了这一点。二十世纪四十年代以研究政党和利益
集团著称的学者 E.E.谢茨施耐德（E. E. Schattschneider）在其关于二十世纪
三十年代关税立法的经典研究著作《政治、压力和关税》（*Politics, Pressures and
the Tariff,* 1942 年）中，对代表局部利益的"压力体系"提出两个忧虑：其一，
利益团体的游说活动从其自身狭隘而短促的利益出发导致集体灾难，因此缺

19 同上，第 4 页。
20 Bruce Leon Shelley: *Church History in Plain Language* (Nashville: Thomas Nelson
Publishers, 1982, 1995), Prologue, P.484.

乏广泛的社会代表性；其二，这些利益集团自身的性质属于精英型，不加入利益集团的相对贫困的社会成员在压力体系中没有声音和位置，即使这些成员被动员起来，也因为存在"偏见之动员"而不能够改变其边缘化的地位。谢茨施耐德的忧虑在二十世纪六十、七十年代的研究中得到进一步的回应，其中有彼得·巴卡拉克（Peter Bachrach）、莫顿·巴拉兹（Morton Baratz）、曼瑟·奥尔森（Mancur Olson）以及林德布洛姆（Lindblom）等学者的相关研究。例如，奥尔森在分析戴维·杜鲁门（David Truman）的集团形成理论的基本假定时认为整个利益集团体系存在严重偏向，政治体系的代表性比想象的要小得多。尽管二十世纪六十、七十年代，在美国政治舞台上政治行动委员会的崛起、信息处理过程中的技术创新以及政党的衰落提高了利益集团的影响力，为其获得通向权力的杠杆提供了多种渠道，同时也促使学者们重新置疑其在美国政体中的作用，但杰弗里·贝里在总结这二十年中美国政治制度出现的变化时候仍然没有脱离四十年前盘绕在谢茨施耐德心中的忧虑：利益集团的激增对在政治过程中已得到充分代表的那些人有利。简言之，从这些研究所勾画的图景来看，美国的政治是由通常代表狭隘和特殊利益、以精英为基础的组织支配的支离破碎的政治。因此，游说活动爆炸几乎没有触及到坚固的美国政治学界，政治学界依然固守四十年之定论而没有对切身的事件做出积极负责的回应。在二十世纪八十年代的美国政治学界，正是赫茨克捕捉到游说活动爆炸实际上对美国政治制度的影响，他总结性地认为：

> 美国宗教是以行动主义和多元主义为特征的，这些特征提高了宗教在美国的文化生活，特别是在普通人生活经历中的重要性。不断多元化的全国性宗教游说团体如今便能大致反映此种多元主义。……当这些宗教团体动员支持者并阐发其与众不同的宗教价值观时，它们便在"压力体系"中扮演了一个独特且具有代表性的角色。我的观点是，鉴于全国性宗教团体发动群众的努力及其多元主义，它们在一起共同提高了当代美国政治的代表性。……任何关于美国政治代议制的理论都必须包括宗教层面，而且必须考虑到美国人的宗教承诺。[21]

---

21 艾伦·D.赫茨克：《在华盛顿代表上帝——宗教游说在美国政体中的作用》，第15页。

具体地说，赫茨克至少取得了如下几个方面的突破性的进展或如他自己所说的"发现"。

三、宗教游说团体与奥尔森式两难难题

奥尔森在分析戴维·杜鲁门的集团形成理论时曾经提出著名的两难难题：破坏集体行动的经济理性以及随之而来的"搭便车"——因参加利益集团而获得利益均摊的机会。从理论上说，这种两难就是利益集团从狭隘的集团利益出发出现谢茨施耐德所担忧的灾难即破坏集体行动的经济理性，在谋求小团体利益的同时损害了整个社会中的个体利益，实质上就是"集体利益vs.个体利益"的两难。

赫茨克认为，宗教利益团体所具有的三个方面的特征有助于克服奥尔森的两难问题。

首先，宗教利益团体从利他主义宗教动机出发可能会做出违反自我经济利益的选择，要求人们违背经济学家界定的私利，尽管由此并不能够避免与其他团体一样需要共同面对机构维持问题，但站在超越个人狭隘的利益立场上的有悖于常理的宗教承诺克服了奥尔森的两难：出于更高的价值承诺而自愿放弃一己之私利。在犹太－基督教信仰中不乏对追求私利的现代所谓的理性经济人的批判。尽管奥尔森也认识到宗教游说团体的动机具有复杂性，可能会提供灵魂拯救一类的终极价值，但他坚持认为游说界由经济利益团体支配，有意或无意地忽略了特殊的宗教游说团体对其理论分析的挑战。由此来看，赫茨克深化和丰富了谢茨施耐德－奥尔森的研究模式。

其次，宗教利益团体的活动具有广泛性。宗教团体普遍地要求获得超越小集团的集体福利，反对狭隘利益，认为自己代表沉默的大多数。例如，自由派教会和宗教新右翼都认为自己为人民党人，代表非精英的民众。一般来说，自由派教会关注贫穷和劳动阶级的经济保障问题，而保守派教会则强调家庭生活、传统以及宗教信仰的价值。在这种意义上，赫茨克否定了奥尔森关于游说界的单一界定，即"游说界是由经济利益团体所支配的"，揭示出游说界自身不仅在动机上，而且在代表的广泛性上具有多元性和复杂性。这种广泛性制约了宗教利益集团对狭隘利益之诉求。

最后，宗教支持者的性质不属于精英型，毋宁说代表着美国"最大的非精英团体"。赫茨克在研究中认为这一事实具有潜在的重要性，但不幸的是，

它被大多数研究利益集团的学者所忽略。赫茨克进一步认为随着教会政治化程度的加强，这一特征会成为学术发展的起点，而且由于宗教生活成为美国人民日常人伦中的一个部分，"通过教会进入政治体系可能会是美国政治中具有深远意义的发展"[22]。

鉴于美国宗教游说团体利他主义动机和宗教承诺、代表的范围广大以及共同的宗教生活、潜在的非精英性质，加上有效的宗教动员，赫茨克认为在美国政治体系中非精英的利益会得到更多的表达，在宗教利益团体之中，奥尔森式两难找到了解开纽结的剪刀。

四、宗教动员与裸露的公共广场

赫茨克认为"宗教动员也能够提高美国政体代表性"[23]，这种观点无疑碰到了美国政治生活中的大忌：政教分离原则。虽然美国社会生活受到宗教潜移默化的影响，但在二十世纪八十年代之前几十年中，美国的政治话语发生了深刻的变化，即在公共生活中排斥宗教或以宗教为本的价值观。二十世纪八十年代，理查德·约翰·纽豪斯在其代表作《裸露的公共广场：美国的宗教和民主》（*The Naked Public Square: Religion and Democracy in America*，1984 年）[24]中将这种现象称为"裸露的公共广场"。究其原因，并非是说美国人民已经完全世俗化，成为大众文化浪潮下的原子，也非美国人民彻底丧失了宗教信仰，在公共广场上完全解构了宗教的超越之维，而要归因于美国社会精英的世俗偏见动员。从"偏见动员论"（the mobilization-of-bias theme）来分析，美国社会精英认为宗教话语不适合公共话语，从而将宗教价值观与现实政治和公共教育割裂开来，形成两个楚汉分界的领域：无宗教的公共生活与有宗教的个人生活。这种在公共领域清洗和排斥宗教现象成为现代性的病征之一：将完整的个人和生活划分为各自为政的领域。纽豪斯认为新教新右翼的出现是对精英阶层抹杀大多数美国人宗教信仰之做法的合乎逻辑的回应。实际上，美国社会精英从宽解释政教分离原则的做法剥夺了宗教价值

---

22 同上，第 11 页。

23 同上，第 12 页。

24 参阅 Louisa S. Hulett 编辑：《基督教和现代政治》（*Christianity and Modern Politics*）（Berlin, New York: de Gruyter，1993），第 219－229 页。另外关于"裸露的公共广场"的相关文章参阅网址：http://www.catholic.net/RCC/Periodicals/PublicSquare/public-square.html。

观在公共话语和公共教育中的合法性，这也就同时意味着剥夺了持守一定宗教价值观的美国民众在公共话语和公共教育中的合法性，意味着代表信教人民（占美国人口的大多数）的美国政治制度丧失了代表性。由此来看，赫茨克提出的宗教动员可能会提高美国政体的代表性的观点打破了精英的世俗偏见动员，有助于我们进一步认识代议制度和宗教之间的关系以及政教分离原则的涵义，有助于鼓励在公共话语中明确表达以宗教为本位的价值观及其实践活动，矫正公共世界中日益膨胀的单元的理性－世俗结构可能带来的诸种危险。

五、宗教游说团体：迈克尔斯的寡头铁律不可避免？

研究宗教游说团体必然涉及到现代民主理念的核心即代表权理论。就宗教游说团体来说，其中要追问的问题有许多[25]，集中归纳起来主要有两点：它们真正代表谁或代表什么？代表和被代表者或领导和被领导者之间是否存在不对称问题？美国学者罗伯特·迈克尔斯（Robert Michels）认为领导层的寡头政治本质是所有组织的共性。这就是迈克尔斯的寡头铁律（Michels's Iron Law of Oligarchy）。奥利弗·加瑟（Oliver Garceau）对美国医学会所做的著名研究就以个案证实了这个规律。只有少数研究对此铁律提出挑战，如西摩·M.李普塞特（Seymour M. Lipset）对国际印刷工会的研究就是一个例外。现有的证据表明寡头政治在宗教团体中同样存在。二十世纪六十年代晚期的研究证明，在由教会官员表述的全国性游说政策与教堂座椅上的普通信徒之间的观点之间、神学上自由的新教教牧与平信徒之间的确存在着差距。这些差距导致精英与民众之间出现分野。但是，迈克尔斯的寡头铁律在二十世纪六十年代晚期至八十年代受到了挑战。赫茨克认为，首先，利用直接通信和大众传媒技术来动员基层支持者是理解现代宗教游说驱动力的一把钥匙。赫茨克在这里认识到现代技术对于宗教和政治生活的深刻影响。正是现代技术为领导人发展新支持者以及保持与成员之间的密切接触提供了便利条件，换言之，为打破迈克尔斯的寡头铁律提供了物质－技术支持。其次，保持和发展与基层支持者的联系的需求影响了几乎所有主要参与者的战略考量。无论是以宗派为基础的组织，还是采取直接通信方式的宗教组织都必须将基层支持

---

25 艾伦·D.赫茨克：《在华盛顿代表上帝——宗教游说在美国政体中的作用》，第13页。作者在这里提出五个方面的相关问题。

者的意见置立于其战略考量之中。在一定程度上，动员群众之需要也遏制了一些组织内的寡头政治的倾向。

六、美国例外论的遗产：宗教的行动主义和多元主义

"美国例外论"一词最早由托克维尔（Alexis de Tocqueville，1805－1859年）于 1835－1840 年间在《美国的民主》[26]一书中提出。关于美国例外论（American Exceptionalism）之争从提出相关论题至今已有将近百年的历史。1906 年，德国国民经济学家与社会主义者桑巴特（W. Sombart）发表《为什么美国没有社会主义？》[27]，提出这一著名的"桑巴特问题"，正式引发出这场讨论。至二十世纪六十、七十年代，以美国社会党领袖哈林顿（E. M. Harrington）为代表的美国新左派运动主领"桑巴特问题"讨论，批评桑巴特过于强调物质替代说——物质上的满足"替代"了对平等之类价值目标的追求，即富裕使人保守，而主张价值替代说——"美国式"的平等替代了"欧洲式"的平等而成为价值理性的主体，即美国式民主使人保守，试图用美国政治制度的独特性来解释美国没有形成其时具有全球趋势的社会主义的原因。至二十世纪八十年代，新左派运动让位于以李普塞特为代表的右派与主流思想，关于美国例外论的讨论扩展为"美国为什么没有激进运动？"。至二十世纪九十年代，在苏东巨变后形成的全球性"向右转"大背景下，似乎过时的桑巴特问题又被学界老话重提，但是问题已经发生了质变：为什么美国有社会主义？[28]

上述关于美国例外论的争论主要集中于政治学、社会学领域，都没有涉及到美国例外论与美国宗教的关系。美国人自我形象的核心是"美国例外论"。这种自我形象的认同归因于美国独特的历史和实践。美国独立战争前，这种独特性源于宗教优越感，即为了摆脱欧洲政教双重压迫而漂洋过海到达北美大陆的早期清教徒自信自己为神的选民，北美是神赐的远离欧洲的专

---

26 关于托克维尔及其该书参阅英文网站：http://www.tocqueville.org/，该书汉译本参阅（法）托克维尔：《论美国的民主》，董果良译，载于 http://www.yondor.com/library/philosophy/t/tuokeweier/lmgd/index.html。

27 M.桑巴特：《为什么美国没有社会主义》，赖海榕译（北京：社会科学文献出版社）2003 年 5 月第 1 版。德文版参阅 W. Sombart: *Warum gibt es in den Vereinigten Staaten kinnen Sozialismus?*（Tübingen，1906）。

28 参见秦晖：《寓平等于自由之中——评李普塞特新著〈美国例外论〉》，载于《中国书评》（香港），1998 年 2 月总第 11 期（复刊号），第 95－108 页。

制、狡诈、腐败、堕落和无休止的争斗的伊甸园，他们要在此建立一个"圣徒理想国"。美国独立后在政教分离原则支配下这种优越感转移到世俗方面，美国成为有别于欧洲君主专制社会的共和国，追求"圣徒理想国"演变为建立一个世俗的摒弃欧洲的君主制、贵族制、等级制、贫富分化和阶级冲突的柏拉图式的理想国。美国例外论就意味着美国是一个有别于"腐朽的"旧世界的"新世界"，其文化具有独特性，其文化和生活方式具有优越性，以及担负使世界基督教化和美国化的使命。在二十世纪八十年代，美国精英阶层普遍在公共生活中排斥宗教。在此处境下，赫茨克在美国例外论之争中增加了一个新的声音：美国例外不仅在于政治，更与美国宗教不可分离；不仅在于美国奉行的政教分离原则，更与美国宗教的政治介入密切相关。因此，赫茨克的此项研究拓展了美国例外论的外延，这种发现对于当代美国政治学、社会学、政教关系、美国的外交政策以及国际政治研究等领域具有重要的启发作用，鉴于当代世界国际和美国国内政治与宗教之间存在复杂的关系，其意义不可低估。

美国宗教上的例外主要表现在三个层面上：神学思想和意识形态上的差异性，宗教经历上的多元性（即宗派、组织和神学上的多样性），政治上的行动主义（通过游行或罢工等活动支持或反对某项事业，美国宗教的行动主义不仅表现在政治上，也体现为贯彻到日常生活中的创业精神当中）。概言之，美国宗教例外体现为两大特征即多元主义和行动主义。美国宗教这两大特征与美国政治之间构成什么样的关系？对此问题的回答形成了截然对立的两派主张。主流精英主张排斥论，即将宗教排除在公共政治领域之外。与这种主流精英论调相反，赫茨克认为，由美国独特的历史经历塑造的宗教实践上的高度多元性和行动主义成为美国宗教的生命力和适应力的动力，并将"一如既往地成为美国生活、政治和代议制度中的一只重要力量"[29]。那么，两者之间有无因果关系？正如安德鲁·格里利（Andrew Greeley）所认为的，断言宗教多元主义"造成"政治多元主义是不理智的，但从美国历史之初，两者之间存在着互动关系，即宗教上的多元化使得政治多元主义变得不可或缺[30]。因此，虽然宗教多元主义和政治多元主义的确立在时间上有先后，但这并

29　艾伦·D.赫茨克：《在华盛顿代表上帝——宗教游说在美国政体中的作用》，第24页。

30　同上，第24、45页。

不意味着两者在逻辑上具有因果关系，与其说两者之间具有一因一果关系，毋宁说前者是后者形成的必要条件。

赫茨克力图从历史视角切入美国例外论的讨论，这一点与桑巴特准马克思主义的经济决定论之路数不同，而更加倾向于价值替代论，遵循了格里利的政教互动关系思想。赫茨克首先认为美国宗教的两大特征具有一定的历史根源，与殖民地的宗教格局以及其后的边疆经历密切相关。殖民地时期的宗派多元主义加上源自欧洲十八世纪启蒙运动倡导的理性主义在美洲新大陆的发展，不仅导致美国与欧洲政教关系传统的决裂，而且创建了新型的政教关系。这种独特的政教关系最后通过美国宪法条款加以明确地规定：不得确立宗教，即政府不能够通过国家法令确立宗教。因此，可以说，宗教多元主义消解了单元政治决定单元宗教的神权政治，带动了政治多元主义，而政治多元主义反过来保障了宗教多元主义，使后者具有现实可行的外部环境。赫茨克认为美国宗教的行动主义也根植于导致其多元主义的历史环境。美国的边疆经历进一步迫使接受宗教非确立试验成果的宗教领袖放弃对具有悠久历史的社会、政治和经济机构的依赖路径而采取行动主义以谋求发展，而边疆出现的归属真空又为宗教行动主义提供了广阔的发展机遇，促进和锻炼了宗教创业精神。因此西进运动经历，尤其是大觉醒运动[31]，为宗教行动主义和多元主义与政治之间以及宗教行动主义和宗教多元主义之间形成互动关系提供了经验证明。美国建国以及西进运动还直接促使十九世纪形成志愿主义时代。在这一时代，宗教非确立试验在保证美国宗教志愿主义的同时，加强了宗教行动主义，助长了崇拜形式和信仰诠释的多元化。因此，在美国宗教多元主义和行动主义与美国政治多元主义之间形成了相互制约与相互促动的关系。这一点是美国例外论的一个重要依据。其次，赫茨克认为美国式的政教关系在人类历史上第一次在相当程度上让教会独立于国家，但这并不意味着宗教受到限制，甚或国家可以彻底消灭宗教。他认为，因为这种关系使得宗教处于独特的政治地位抨击其所处时代的政治，由此，这种关系与其说妨碍了宗教多元主义和行动主义，不如说为其发展提供了新的条件。这多少类似于康德的观点，他在为理性设限不能够僭越信仰和道德领域的同时实际上为信仰和道德留下广阔的空间。美国历史证明，其历史上的宗教行动主义在美国式

---

31 关于大觉醒运动可以参阅张敏谦：《大觉醒——美国宗教与社会关系》，北京：时事出版社，2001 年。

的政教关系下非但没有减少或趋于萎缩，反而日益呈现出蓬勃发展的态势，
从禁酒运动、废奴运动到二十世纪六十年代的民权运动，美国宗教实践及其
独特的多元主义和行动主义此消彼长，在证明美国例外论之同时，也说明宗
教多元主义和行动主义与美国民主之间存在着复杂而积极的关系。自二十世
纪二十年代以降，美国宗教实践的多元主义和行动主义在华盛顿得到充分的
体现，各种宗教游说团体在华盛顿公开参与全国性的政治活动见证了美国例
外论的遗产——宗教承诺的行动主义和文化多元主义。赫茨克的研究无疑再
次在理论上再现了这一遗产。

七、过时论、疲软论批判与三角互动关系

赫茨克研究认为，从游说活动来看，华盛顿宗教游说团体与其他游说团
体一般没有什么实质性的区别。那么，在游说团体、被游说团体代表的民众
以及国会之间的三角关系上，华盛顿宗教游说活动的构成要素之间关系是否
具有崭新的特点？这个问题可以分解为两个子问题：问题I，宗教游说团体和
国会与平信徒之间有无新的特点？问题II，代表平信徒的宗教游说团体与国
会之间有无新的特点？赫茨克在此有新的"发现"，认为三角之间存在着积
极的互动关系。

在回答这两个子问题之前，赫茨克首先否定了美国政治学界的游说活动
过时论、宗教游说疲软论。在二十世纪五十、六十年代初的美国政治学界，
游说活动过时论、疲软论颇为流行。莱斯特·米尔布雷斯（Lester Milbrath）、
鲍尔（Raymond A. Bauer）、普尔（Ithiel de Sola Pool）、德克斯特（Lewis A.
Dexter）等人的研究表明：游说团体仅仅起到沟通作用，没有发挥压力作用；
而国会不在乎游说团体策动的选区压力，游说活动对国会决策没有影响。由此
他们断定游说活动过时、疲软了。但赫茨克认为，自二十世纪六十年代以来，
在美国政治生活中出现了新的力量，其中主要有国会分权、政党衰落、媒体政
治的崛起、新电讯技术的运用等。这些力量形成的合力造成了游说活动爆炸现
象，戏剧性地改变了国会工作及其回应游说压力的处境，带动出现了戴维·
梅休（David Mayhew）所谓的"选举关联"（the electoral connection）[32]。在
这种关系中，国会议员受到连任的支配，以选区为工作的导向，而游说团体

---

32 艾伦·D.赫茨克：《在华盛顿代表上帝——宗教游说在美国政体中的作用》，第51
页。

也开始将选区动员作为其最基本的支撑点。这样，在游说团体、被游说团体代表的民众以及国会之间形成了相互依赖的三角互动关系：游说团体出于维持自身生存之需以及拥有向国会施加压力的资源离不开由其代表的民众；民众通过代表其利益的游说团体向国会施压；国会议员需要民众以及代表民众利益、动员民众的游说团体的支持来获得连任的机会。由此来看，游说过时论和疲软论不攻自破。

就问题 I 来说，以研究宗教游说团体著称的詹姆斯·亚当斯以及 1984 年"全国基督教协会"驻华盛顿代表詹姆斯·汉密尔顿（James Hamilton）认为宗教游说团体与平信徒之间存在差距。[33]但是，赫茨克对此批评做出不同的回应，认为自二十世纪六十年代以来华盛顿游说团体业已呈现出多元化的局面。这一方面反映了美国宗教信仰和实践上的多元主义和行动主义，另一方面显明宗教游说团体认识到对国会议员施加选民压力的必要性，换言之，认识到平信徒在游说中的重要地位和价值。这第二个发现在否定美国政治学中游说活动过时论这一经典描述之同时，肯定了宗教游说团体与平信徒之间存在着积极的互动关系。通常游说战术分为"局内人"和"局外人"两种，赫茨克据此进一步将这两种战术具体化分为：战术 I，对国会议员施加家乡选区压力的战术，包括大规模群众动员、精英动员、直接选民动员、操纵媒体事件；战术 II，局内人战术，通过与议员建立信任和依赖关系来游说。从赫茨克的调查来看，大多数游说团体将战术 I 视为主要手段，认识到有效游说是专业知识和选民支持相互结合的产物，由此游说团体支持者的内聚力成为游说团体和国会所需要的主要的政治资源以及沟通游说团体和国会之间关系的杠杆。就华盛顿宗教游说团体来说，它们越来越致力于通过草根动员来对国会施加压力，因此它们与平信徒的联系也就越来越紧密。

就问题 II 来说，赫茨克的发现在于认识到国会或国会环境影响到宗教游说团体的方式。换言之，无论是基要派的好斗或先知式言词以及新教自由派的"左派"宣言所流露出的激进主义倾向在游说活动之中都要受制于国会的规则和主次顺序。国会对于宗教游说团体的影响主要体现为两点：（1）影响教会游说的语言。在游说活动中，宗教游说团体出于战略上的考虑避免使用宗教语言，但在宗教范围内则无此忌讳。（2）宗教游说团体在不同程度上做出自我调整以适应国会环境。宗教游说团体出于如下双重原因或双重压力而

---

33 同上，第32—33页，第49页。

采用实用主义战略。原因之一是它们要依靠国会议员来支持其提案，由此其游说活动受制于国会中持同情态度的议员，国会环境助长了宗教游说团体中的实用主义战术。原因之二是它们在财政和政治上依赖于其支持者，需要利用实用和渐进主义的战略确保获得局部性的胜利来帮助赢得平信徒的支持，因此战略性的适应成为宗教游说团体有效代表平信徒的重要手段。这一点再次说明，宗教游说团体明显地受制于平信徒的需要、价值观和立场。赫茨克认为在这种实用主义型战略指导下，宗教游说团体的实用型战术主要有：提出建设性的替代方案；与持不同观点者建立联盟。赫茨克发现在采取实用主义战略上有一个有趣的背反现象，即保守派不保守——保守派比自由派更加积极地走出封闭状态。简言之，宗教游说团体的实用主义战略和战术验证了杰弗里·贝里提出的组织上的训令——"成功等于妥协"[34]，说明宗教游说团体和公共政治之间存在着互动关系：宗教游说团体影响公共政策，它们也受到置身于其中的公共广场的影响。赫茨克的这一重要论述与纽豪斯对"裸露的公共广场"的批判站在了同一个阵营。

八、皮特金代表权理论及其溢出

赫茨克在《代表》一书中最为精彩的地方是他通过对华盛顿宗教游说团体的研究借鉴和发展了汉娜·皮特金的代表权理论。赫茨克的研究发现宗教游说团体既反映了皮特金理论的复杂性，还具有溢出皮特金代表权理论的成分。

首先，从代表权这一西方民主理论的核心概念来看，皮特金提出代表权具有三种类型。类型 I "程序式代表权"指某人几乎在法律意义上被广泛授权代替他人行事。类型 II "临摹式代表权"指代表者与其被代表之人民完全一致。类型 III "象征性代表权"。皮特金认为现代代表权概念部分来自中世纪神父和主教在人民面前象征性地代表基督这一思想。赫茨克认为，按照某些传统（如罗马天主教传统），教会领袖具有类型 I。就类型 II 来说，宗教游说团体具有矛盾之处：一方面它们由在宗教上与其所代表的民众完全一致的人（宗教内部人士）所代表，另一方面，宗教游说团体（尤其是主流教会团体）在意识形态上与教友并不一致。由此来看，宗教游说团体只是形式而非实质上演示了临摹式代表权。针对类型 III，赫茨克认为皮特金忽视了中世纪代表

---

34 同上，第 94 页。

权的另外一层涵义，即作为神人之中保的神父和主教对神或在神面前代表人民。尽管这个思想自十六世纪宗教改革以来受到巨大挑战，但现代宗教代表仍然具有象征性代表的维度。

在代表权问题上由埃德蒙德·柏克（Edmund Burke）发起了一场关于"代表的听命与独立之争"。这场争论实质上牵涉到代表的适当作用问题——在多大程度上代表代表未在场者。柏克的著名观点在于提出代表具有"受托人"（trustee）的作用，主张代表有义务对选民做出自己的判断，因此倡导独立论。与之相反的自由派则坚持认为代表具有"代理人"（delegate）的作用，主张代表要忠实表达人民的利益，因此倡导听命论。皮特金认识到独立论和听命论之中隐藏的矛盾：就独立论来说，代表的独立判断可能会背离选民的流行观点；就听命论来说，代表与选民一致则可能以牺牲代表的智慧和专业知识为代价。皮特金采取折中立场，认为这两种成分都必须存在，但代表之广泛的合作作用仍然具有可能性。根据赫茨克的分析认为，上述代表之"受托人／代理人"之二元之争也出现在华盛顿宗教游说团体之中。一般来说，传统教会的代表自视为信仰的"受托人"，直接通信团体的代表则自视为"代理人"。赫茨克认为尽管这种二元划分以及其中隐藏的张力也同样会出现在宗教游说团体之中，但作为宗教信仰的受托人不一定会使代表与平信徒之间有分歧，而作为信仰的代理人也不一定保证代表在所有问题上与平信徒完全一致，对他们来说，"委托这一概念意味着某种超越暂时利益的目标，执行委托确实可能违反代表的一般观念。"[35]

在借鉴皮特金代表权理论的基础之上，赫茨克认为宗教游说团体除了具有一般意义上的"代表会员或选民"之代表权之外，还具有三个独特的代表角色，即：代表教会机构，代表神学或圣经价值以及代表世界性成员。首先，宗教游说团体符合利益集团理论，作为机构它们和其他非宗教或世俗利益集团一样具有独特和有形的利益，并为机构上的庶务花费大部分的游说时间。作为机构问题的代表，宗教游说团体的领袖扮演着受托人的角色，而机构问题上的不同侧重点则构成区分各团体的要素之一。机构问题还会经常产生出最有趣但不自在的联盟。但是，作为机构的宗教游说团体具有一般利益集团不具备的双重身份——一般性的利益集团与特殊的宗教背景和成分。这决定它们形成双重重叠现象：一方面，它们与其他非宗教类的游说团体的代表有

---

35 同上，第 106 页。

重叠现象，如教会可以同等享受因慈善捐款而获得的特别捐款，另一方面，它们与阐释神学价值观有重叠现象，虽然教会机构会与世俗利益集团一样开展同一类型的社会服务，但其背后的价值支撑点则依附于独特的神学传统或对圣经训诫的解释，这一点是后者所不具备的。最为关键的是，作为教会机构的代表因为提供广泛的社会服务而享有天然的可信度和接触渠道，教会机构所形成的组织网本身也成为重要的游说资源。其次，宗教游说团体代表不同的神学传统或对圣经价值观的不同解释。这一点是宗教游说团体区别于一般利益集团的要点之一。在代表神学传统和圣经价值观上，宗教利益团体之间存在着公分母：关注圣经对穷人、受压迫者、旅居者的关注。宗教游说团体在这一点上体现了独特的代表性——代表弱势群体。根据赫茨克的分析，在将代表宗教价值观需要转化为可操作的政治主张的过程之中形成了如下普遍的紧张关系：绝对宗教标准和价值观 vs 具体的立法处境和问题。同时，由于出现精英极化现象即教会精英在意识形态上比平信徒具有更多的一致性，代表宗教价值观会导致游说政策与成员之间的分歧。但这并不排斥某些神学传统与成员观点和利益之间存在一致性的可能性。另外，宗教游说团体自身之间也存在着观念上殊异，突出的例子是保守派和自由派之间对于美国的形象定位就因为出于不同的神学解释而形成截然不同的两极：正义帝国或山颠之城[36]vs 现代罗马帝国。这种关于两个不同帝国之争也左右了宗教社区和未来讨论，观念殊异的宗教游说团体之间也存在结盟的可能性。最后，宗教游说团体代表世界性成员。这是皮特金代表理论中的盲点，也是赫茨克揭示的宗教游说团体的个性之一。教会本身就是主要的跨国行为体，作为非国家机构，它们在国际上拥有更多的接触渠道和更大的可信度。国际关系网成为美国宗教游说团体的重要游说资源。它们可以向游说团体提供特殊信息，甚至在某些情况下成为接触政策制定者的唯一渠道。因为宗教游说团体要考虑海外同道的利益和观点，因此，国际关系网制约了宗教游说团体在政策制定上的随意性，并将特殊的急迫性以及切身的感受注入到日常游说活动之中。在这个方面，自由派教会游说者在外交政策上更加有力地阐述了美国广泛的公众情绪。代表世界性成员体现出的宗教游说的"无国界性"极易使宗教与一

---

36 由约翰·温斯罗普（John Winthrop，1588－1649 年）于 1630 年提出，英文为 a city upon a hill，意指在北美建立样板国家，又译为"丘阜之城"。关于《山颠之城》（City upon a Hill）及其出处参阅网站：http://www.mtholyoke.edu/acad/intrel/winthrop.htm。

国的外交政策或国际关系发生密切的联系，使宗教成为"无国界政治"现象。作者在本书的"中文版序言"中称，"在 21 世纪，美国宗教游说将越来越具有国际性"[37]，这是美国宗教游说十分值得注意和研究的发展态势。

从利益集团理论来看，宗教游说团体理所当然地代表民族/国家范围内的一定的民众，其结构首先建立在民族/国家范围内的民众支持之上。在代表国内支持者问题上，皮特金认为，代表与其支持者不能够经常意见不合。但二十世纪五十一八十年代以卢克·埃伯索尔（Luke Ebersole）、詹姆斯·亚当斯、弗雷德·赫罗（Alfred Hero）以及詹姆斯·赖克利为主的学术界研究得出的基本定论则否定了皮特金的理论，认为主流派教会代表与平信徒之间存在差异。赫茨克赞同皮特金的结论，对这一定论提出批评，认为这一定论缺乏处境化分析。从赫茨克在对某些具体问题（如堕胎、淫秽品、学校祈祷等社会问题）进行考察并对游说效果进行评估后，认为无论是从宗教游说团体代表自身支持的程度以及其拥有的非精英民众基础来看，还是从游说立场和教会观点与美国公众舆论来看，宗教游说团体有力地表达了不同时期大部分美国民众的观点。因为成功的动员与选民支持相关，所以代表式游说比寡头政治式游说更为有效，草根动员在一定程度上限制了寡头政治趋势。概言之，从总体上看，尽管宗教游说团体不排除无代表性游说的可能性，但它们表达了在美国政体中分散的、未得到充分表达的选民的意见，在美国政体中扮演着重要的代表角色。

杰弗里·贝里曾对压力体系做出定论认为，游说活动爆炸有利于业已得到充分代表的人，而牺牲穷人、少数民族、分散和难以组织者之利益。赫茨克认为这种论断"并不完全准确"。[38]他通过考察代表权问题的三个层面即议题、价值观和民众来证明自己的结论。他认为，首先，宗教游说团体代表了广大公众所关注议题的各种不同观点，例如，自由派关注国际问题，表达了在外交政策上广泛而分散的意见，保守派关注国内民生，代表了被其他宗教团体或世俗游说团体所忽略的问题。依此来看，美国民众所关心的问题通过华盛顿宗教游说团体而得到部分反映。其次，就价值观来说，美国的宗教游说团体普遍对生命世界表达了深度的关切，这一点将其与其他游说团体明显

---

37 艾伦·D.赫茨克：《在华盛顿代表上帝——宗教游说在美国政体中的作用》，"中文版序言"，第 13 页。

38 同上，第 158 页。

地区别开来。这种超越政治分野的道德关怀话语及其实践超越了利益观念。赫茨克认为，大多数美国人具有宗教关怀，而底层民众的宗教实践高于较高阶层；大多数美国人的宗教信仰相当正统，而正统宗教信仰缺乏精英阶层；教会具有广泛的群众基础，这一点使宗教保守派能够代表被多数美国人共享的文化保守主义价值观。因此，宗教游说团体代表了大多数美国人的宗教关怀、宗教正统性和文化保守主义价值观。最后，从民众来看，宗教游说团体的草根动员有助于推动大多数美国人通过与教会相关的机构找到参政的渠道。正是草根动员发动了在历史上回避政治的成员，在将过去被边缘化的公民全面地融入美国政体的同时，对他们进行了大规模的公民政治教育。总之，华盛顿宗教游说团体表达了广泛持有但未得到充分代表的意见和价值观，提高了全国性压力体系的代表性，而且草根动员还为维系社会民主提供了价值不可估量的直接参与和公民政治教育的渠道。

从上述代表权概念以及代表作用和代表范围之分析来看，宗教游说团体反映了代表权概念本身具有复杂性，同时鲜明地表现出比皮特金从立法者视角所发现的更多的复杂性，可以说赫茨克的代表权分析已经溢出皮特金的经典研究了。

九、几点批评

该书最显眼的一个问题是书名与实际内容之间不完全对称。该书研究在华盛顿的全国性宗教游说团体，理当将诸种宗教游说团体包括进来，但作者实际在书中涉及到的对象仅仅是犹太－基督教类组织，其中还主要以基督教（尤其是新教）为主。一般来说，亚伯拉罕三大宗教体系以信仰上帝为最高价值，因此称犹太－基督教类游说团体"在华盛顿代表上帝"无懈可击。但伊斯兰教在该书中没有得到反映。这归因于宗教团体的新陈代谢。穆斯林团体至二十世纪八十年代在美国全国性场合几乎还不存在，此后伊斯兰教组织迅速增长，把新的视角带入全国性辩论。作者在"中文版序言"中作了一个亡羊补牢式的解释，这对于主题来说就是一个巨大的缺陷。作者认为，"几乎所有的宗教游说者都表示、有的还特别强调，他们并不声称代表'上帝旨意'，比如他们在国会听证会前作证时就不这样做。"[39]这固然与宗教游说团

---

39 艾伦·D.赫茨克：《在华盛顿代表上帝——宗教游说在美国政体中的作用》，第17页。

体实用主义战术相关，但以"在华盛顿代表上帝"来囊括所有的宗教的确逃脱不了犹太－基督教本位论的指责，有越厨代庖的嫌疑。所以作者自称"就此而言本书书名也许有些误导"，这一点也不是什么谦词了。但作者还是为这种会导致误导的做法作自我辩护，说"但这些游说者显然受到某一宗教价值观，某一宗教远象及对世界事务的某种宗教诠释的驱动，因此他们均以自己的方式试图在政治处境中代表这些价值观。就此而言他们确实是'在华盛顿代表上帝'。"[40]这里的"某一宗教价值观"明显是指犹太－基督教。在此犹太－基督教中心论色彩更加强烈了，这是否与美国例外论有牵连？这一点值得注意。为了避免这种嫌疑，将该书的副标题改为"犹太－基督教游说在美国政体中的作用"恐怕较为妥当。

该研究主要依据宗教团体的访谈资料来展开论证，但其涉猎的范围较窄，所采访的三十四个团体中的大部分是白人新教团体，作为美国最大教会的天主教会和游说最有效的犹太人团体在作者的名单中只各占三席，作者列入福音派的九个团体中至少有六个在政治上倾向于自由派。因此，仅仅从犹太－基督教宗教游说机构的构成来看，这种研究也不足以代表美国林立的犹太－基督教教派、宗派、组织和机构，更不用说代表其他宗教了。这一研究宗教团体代表性的著作本身的代表性必然受到置疑。从逻辑上说，以三十四个团体来概述美国全国性宗教游说团体，姑且不论是否存在犹太－基督教中心论问题，以及是否有资格代表犹太－基督教游说团体，其结论的普遍适用性就非常值得人怀疑。

在该书中，赫茨克对教会游说这一宗教行动主义的宪法框架的讨论尚付阙如，这不利于普通读者把握宗教行动主义的法律背景。从十七世纪初至今，美洲殖民地和美国的宗教行动主义一直受制于新大陆的政教关系。从十七世纪初至美国独立，美洲殖民地上的移民先祖将欧洲传统的政教合一的寡头式神权政治延续了近两百年。自美国独立后，1791年9月24日国会通过的"美国宪法第一修正案"标志着美国确定了美国政府制定宗教政策的依据。但是，对该修正案本身的解释并没有取得普遍认同，出现了分离派（Separationist）和妥协派（Accommodationist）之分，这种解释上的分野必然反映到华盛顿宗教游说团体的观念和活动之中。但赫茨克对此重要的法律背景没有给出简要的介绍，在切入讨论学校祈祷、《平等使用权法》之争时有唐

40 同上，第17页。

突之嫌，不利于读者把握美国依法治国原则下的政教关系的特色。

宗教游说团体、广大选民和国会议员之间的三角关系也许比作者所描述的更为动态和复杂。在作者肯定三者之间积极互动的一面的同时，是否还存在彼此消极制肘的一面？作者似乎回避了这一点。从全书来看，作者在评判华盛顿宗教游说团体对美国政体的作用上在纠偏的同时陷入新的偏见：由全盘否定走上全盘肯定。在二十世纪八十年代之前的美国政治学界对游说团体的作用持"忧虑"态度，有以个案研究夸大游说团体造成集体灾难之虞，而赫茨克在论证华盛顿宗教游说团体的积极意义的时候似乎没有看到游说团体会对美国政体带来的负面影响，犯了新的"片面的深刻"的错误。美国政治上的宗教特点表现在国会议员身上就是大多数国会议员具有宗教信仰，但宗教信仰本身在很大程度上并不影响其政治观点。这种特点会对宗教游说团体的游说方式和效果产生一定的影响，作者在该书中没有对此做出直接说明。

对该书的批评还有，作者在不同的标题下反复讨论某些宗教游说团体、主要观点和结论，有重复拖沓之嫌；《平等权使用法》无论在美国政治还是美国政教关系的发展中，均非重要立法，对该法案的研究，不管多么详尽，似乎并不能真正说明宗教游说对美国公共政策究竟有多大影响。事实上，如果只有采取各种实用主义式妥协战略和战术才能够取胜，这反过来说明宗教游说对政治的影响极其有限。[41]

赫茨克开创性地论及宗教游说团体代表世界性成员，凸现了宗教游说团体的国际性特征。这种特征根植于宗教、尤其是基督教的全球化发展，它将美国教会与它们国外的宗派同道连在一起。通过不断更新的通讯技术和便利迅捷的旅行网络，美国信徒得以了解其他地区的宗教问题，因此华盛顿的宗教游说者对美国政府施压，要求在全球支持宗教自由的事业。二十世纪九十年代以来，随着美国宗教新右翼的增长以及政治界保守主义的上升，美国国会关于宗教信仰自由的立法问题再度成为国会立法的重要内容，虽然1997年《1993 年宗教信仰自由恢复法》被美国最高法院否决，但针对国际宗教迫害问题，美国国会加紧制定了 1998 年的《免于宗教迫害法案》和《1998 年国际宗教自由法》。这种做法本身是否隐藏有"以宗教自由干涉别国外政治和人权"问题？这会对于二十一世纪国际政治和世界格局产生什么样的影响？对于美国未来政教关系会产生什么样的影响？这种普世主义诉求是否会与美国

---

41 同上，"译者序"，第 7 页。

国内民众（尤其是宗教信徒）的信仰和价值观完全一致？在该书中，作者写作的时间限于二十世纪八十年代，不可能回答九十年代以降出现的新问题。但在该书中作者单方面地肯定游说团体的代表性具有国际性层面，而没有分析这种代表性当中所包含的复杂性以及正面或负面影响，这的确既是作者将来要解决的问题中的一个部分，也是留给我们当下思考并需要加以解释的一个急迫的问题。

　　欧美的政教关系历史经历了一个复杂的变迁过程。中世纪政教合一政策造成宗教主宰社会的各个层面，从国家权力直至个人生活的各个环节都渗透着宗教要素。宗教的无限扩张和弥散并没有导致新耶路撒冷的建立。一个消除个人生活和主体性的宗教虽然在公共生活中矗立，但并没有完全解除人的自由意志。近代科学主义和理性主义的诞生宣告个体主义的崛起和成长，曾经囊括公共生活的宗教现在则被科学和理性逼到私人空间，马丁·路德引发宗教革命的欧洲政治困境在美国寻求到解决方案即政教分离原则。这种原则最终传布到欧洲大陆和英伦三岛，成为现代性的要素之一。其极端表现就是世俗化的社会精英将宗教完全从公共生活中抹去，过去巍然矗立的宗教被隔离在私人的密室之中。但是，根据赫茨克的研究，美国自二十世纪八十年代随着宗教行动主义的勃兴，被限定于私人生活的宗教现在表现出强烈的政治介入热情。这种"政治介入"非但没有破坏政教分离原则，反而使得这种原则体现出更多的内涵：消解政教隔离而来的政教分离不是说"政""教"不两立，毋宁说两者在当代生活中具有公约的世界。政教不两立与政教合一一样不能够解决人生和生活的价值和意义问题。从美国经验来看，两者恰当的关系则是宗教通过政治介入而在葆有宗教性的同时显现其不会被政治化的政治性，这样，一个保持多样性的社会才具有延续自身活力的原动力。这或许是赫茨克一书给予我们的当下启发吧。

（延伸阅读：斯托得：《当代基督教与社会》，刘良淑译，台湾：校园书房出版社，1994年，1999年。）

第十五章　"即使不和改革派站一边，照样可以相信改革啊"——评历史悬疑小说《天文学家》

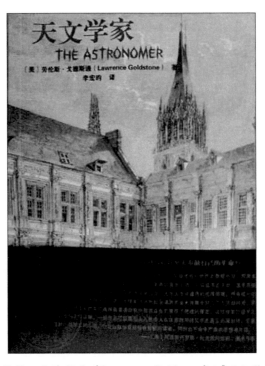

（美）劳伦斯・戈德斯通（Lawrence Goldstone）：《天文学家》（*The Astronomer*），李宏昀译，上海：复旦大学出版社，2012 年 6 月第 1 版。

一、思想史与悬疑小说

1517 年，奥古斯丁修会修士马丁·路德博士将《九十五条论纲》钉在德国威腾堡教堂的西大门上。这个有意辩论而无意革命的举措导致的后果却是一场改变整个欧洲西部基督教王国的崩溃和再造运动。此后，欧洲西部高耸入云、巍峨壮观的罗马天主教会面临着大一统瓦解的深度危机，而现代世界的一切新鲜元素也在此过程中一一浮现出来，改变了欧洲，也改变了世界。

而在这次风云变幻中，哥白尼（Nicolaus Copernicus，1473－1543 年）的日心说成为另外一颗深水炸弹，继续从保守的罗马天主教内部堡垒中摧枯拉朽，为现代性的铺陈铺平道路。但是正如我们的伟人所言，前途光明道路曲折。现在被认为是常识甚至落伍的日心说在欧洲从中世纪走向现代社会的历程中并不如我们想象中所认为的那么易于普遍为人接纳。拉伯雷（Francois Rabelais，1493－1553 年）和伊拉斯谟（Desiderius Erasmus，约 1466－1536 年）的人文主义、路德的信义宗、加尔文（John Calvin，1509－1564 年）的改革宗、罗马天主教的宗教裁判所、世俗的王权等各种力量在罗马天主教的祭坛上出自各自的原因而或支持之或反对之。的确，十六世纪的欧洲思想界不再是铁板一块，多元的裂缝已经无法阻挡地出现。这不仅是一个为了灵魂而争战的时代，也是一个为了新思想、新观念而争战的时代。新学说、新理论、新方法既是斗争的工具，也是斗争的对象或目标。而以巴黎为中心的法国正是这样一座舞台。

小说《天文学家》正是一部以这种思想史为宏观背景而虚构出来的悬疑小说，将天文学家哥白尼及其当时尚未发表的日心说为副线或暗线，而用明线叙述各种宗教与政治、精英与草根力量如何围绕它们而展开错综复杂、你死我活的博弈。在作者的精心布局下，这种博弈的聚焦点从天主教的法国推展到马丁·路德的德国、哥白尼的波兰，甚至也将由王室婚姻危机引发宗教改革的英国、罗马天主教的大本营意大利和梵蒂冈、加尔文推行改革宗的瑞士收纳进来。一场欧洲十六世纪波澜壮阔的思想史画卷就这样完整而活灵活现地展现在读者面前。所以，严格地说，这本小说不是一部纯粹意义上的以各种伏笔、秘闻、密码勾起读者阅读欲望的悬疑小说，而是一部藉着悬疑来展现欧洲近代思想改革史的小说。

而一部小说以思想史为主题无疑是吃力不讨巧的。说它"吃力"，是因为它以文学来描述思想史，而文学在从事这种工程上往往力不从心；说它"不

讨巧"，是因为对一般读者而言，若缺乏相对应的思想史知识，恐怕对此类
图书的阅读兴趣就不会那么盎然有致了，哪怕小说家运用技巧娴熟也是白
搭。所幸运的是，错综复杂的十六世纪宗教改革史，经过作者的巧妙构思，
避免了这种吃力不讨好的困境。这种评价似乎有点贴金的嫌疑。但是，虽然
《天文学家》比不上《达芬奇密码》[1]那样吊人胃口，但是也不似后者那样偏
离历史事实，以至于虚构的历史事实显得比真实的历史事实还要真实，悬疑
本身反而成为阅读本身，而为了悬疑的阅读远远终归比不上藉着悬疑的阅
读。为了悬疑而阅读对于版税来说当然是好事，但是对于喜欢深度阅读的人
来说，就是悲剧了。《天文学家》则可以避免这种悲剧：思想史本身不被文学
技巧所遮蔽，后者反而将前者从书斋中领入到寻常人的茶余饭后。一杯有点
清谈的茶，一本有点深度的书，一次有点峰回路转的思想史探险，足以让偏
好探究思想的人有一段惊心但不动魄的美好时光，算得上这个后现代时代对
初露端倪的现代表达的一点敬意吧！

二、悬疑小说解答范式转移

现代人恐怕难以理解，为什么作为新思想之一的日心说会有如此大的影
响力，以至于"哥白尼革命"成为指称一切重大范式转换的代码符号？《天
文学家》以很小说的方式回答了这个很学术的问题。

让我们穿越到十六世纪初的欧洲。尚未完全从高度中世纪的阴影中走出
来的欧洲西部世界以罗马天主教为官方宗教，一切的经济、政治、思想与文
化、个人生活问题均以罗马天主教的官方神学为最高尺度。这种包罗万象的
神学在维护欧洲西部社会稳定上不乏积极作用，但是它以牺牲、压制甚至逼
迫一切创新、新思想为代价。宗教裁判所在此方面所发挥的作用最为直接而
明显。的确，宗教裁判所本身以维护欧洲天主教的正统思想为使命。不幸的
是，维护思想的正统性与社会的稳定性一旦与火刑柱、民粹主义、个人私利
相互结合，带给人类的就不是福音，而是如撒旦般的邪恶了。小说虽是虚构
但也不乏一定依据的宗教裁判所在法国巴黎以火刑处死四个信义宗异端的故
事，成为整个叙事的重大转折点：卧底的故事主角阿莫里在思想抉择时由徘
徊走向了自己阵营的对立面，如大数的保罗一样由迫害异端者翻转成为被迫

1　丹·布朗（Dan Brown）：《达·芬奇密码》（*The Da Vinci Code*），上海：上海人民
　　出版社，朱振武、吴晟、周元晓译，2004 年。

害的异端。但是，这场血腥而残忍的悲剧所发生的前因后果值得读者仔细玩味：世俗政权为了自己的江山稳固，对宗教信仰玩机会主义的把戏，宗教领袖以上帝的名义煽动民众的宗教热情，藉此消灭异己，而普通民众把火刑柱作为一场娱乐狂欢和表演。一切的很暴力很血腥都被冠冕堂皇的理由包装起来，除了极少数人之外，一个基督教社会以捍卫基督的名义做着反基督的伟业。而所有这一切的起因都不过是为了让哥白尼的日心说甚至哥白尼本人从地球上销声匿迹。

一个天文学家的天文学研究究竟为什么让如此多的宗教与政治力量恐惧呢？其中的秘密是，一旦新思想破茧而出，它稚嫩而美丽的翅膀扇动的微风会引起大西洋海啸。十六世纪初的欧洲罗马天主教如巍峨而壮丽的积木大厦，一切社会和思想结构都被中世纪的阿奎那以亚里士多德主义为工具似乎井井有条地安排在自己的大厦之中，而天文学家哥白尼的天文学上的新发现（实际上也非新发现）则如同抽去积木大厦最底层的一块木头，虽不至于让大厦崩塌，但也足以让之摇摇欲坠：罗马天主教的官方圣经神学会被质疑乃至推翻，罗马天主教会的权威会被颠覆，罗马天主教神职人员会被失去一切的特权和权力。覆盖一切的帷幕一旦被撕裂，除了阳光之外，还有新鲜空气，但是暴风骤雨也无法避免。

小说《天文学家》并没有告诉我们欧洲经历一番暴风雨之后所留下的遗产，但是结尾以男女主角成功保护哥白尼免除宗教裁判所屠杀圆满告终，似乎让读者歇了一口气，欧洲中世纪终究会过去，一切改革和革新、一切新思想新观念终将成为社会的主流。只是我们在从十六世纪带着希望回到二十一世纪的时候，还需要从这部历史悬疑小说中注意一个常常易于被忽略的问题：以哥白尼为代表的现代科学的兴起仍然发轫于欧洲中世纪罗马天主教的思想环境，哥白尼本人仍然是一位信仰者，他所从事的科学研究一直为神学提供辩护。这可能会给我们带来这样一种大致不错的看法：一切的思想变革乃至社会变革尚需要从内部破土动工，一切的新思想和新观念需要有良知与勇气的人在旧思想和旧观念中的包围中以理性精神去呵护与捍卫。就十六世纪的欧洲而言，前有哥白尼，后有伽利略；前有马丁·路德，后有加尔文。思想史和人类良知如同接力赛一样代代传递，这样人类才有希望。而改革从来也不是一边倒的，改革常常是在反改革中磨砺与成长。现代欧洲正是在十六世纪欧洲改革与反改革运动中成型，对于当时茫然无措的普通人而言，甚至对于站在反改革立场的既得利益者而言，所需要的更是这样一种信念与决心："即使不和改革派站一边，照样可以相信改革啊"[2]。历史证明这种认识不是一种一厢情愿的华丽口号，随着新教改革而来的就是罗马天主教的反改革的改革运动。改革—反改革之间的博弈推动塑造出现代欧洲的面貌。这可能是我们现今需要借鉴的一部分遗产。

三、被小说误说的神学

正是因为小说《天文学家》与欧洲近代宗教改革思潮密不可分，作者在行文叙事中会涉及大量关于罗马天主教、信义宗以及改革宗的神学思想。如果读者对这段思想史略有常识，那么对阅读此小说必将大有益处，对理解此部小说中的思想交锋也会有更多的心领神会。就举第 IX 章为例，主角阿莫里在友人引导下来到一座名叫十字铺的小镇，聆听改教家加尔文的一场演讲。作者笔下虚实参半的加尔文演讲的主旨是批判腐朽垂死的罗马天主教会："……《圣经》里何处说过牧师是凡人和上帝之间的中介？何处说过人该向另外一个人忏悔并把这视为与上帝说话的途径？《圣经》里何处允许一个人具备对别人罪孽的赦免权？何处规定过仪式必须使用拉丁文？这种语言在普通民众中几乎没人能懂，它只是令教区居民对上帝言辞的理解更加遥远了……"[3]。显然，小说中的加尔文在此批判十六世纪初叶罗马天主教会坚持的传统，认为根据基督教的圣经正典，信徒可以直接与神交流，而不需要以神职人员为中介；信徒只需要直接向神认罪，而不需要告解即向神职人员认罪，且神职人员本身并不具有赦罪权；举行宗教仪式可以使用地方语言，而不使用当时罗马教廷所规定的让普通人不知所云的拉丁文，等等。接着，年轻的加尔文阐述了他有关救赎学的三个基本观点[4]，实际上其中包括了加尔文主义的四个核心思想：1、人由于始祖亚当的堕落而无法以自己的能力作任何灵性上的善事，即人完全无能力（Total inability）或全然败坏（Total depravity）；2、上帝对于罪人的拣选是无条件的，他的拣选并非因为人在伦理道德上的优点，也非他预见人将发生的信心，基督钉十字架只为预先蒙选之人，而不是为世上所有的人，即无条件拣选（Unconditional election）和有限代赎（Limited

---

2　劳伦斯·戈德斯通：《天文学家》，李宏昀译，上海：复旦大学出版社，2012 年，第 62 页。

3　同上，第 86—87 页。

4　同上，第 87 页。

atonement）；3、人类不可能拒绝上帝的救恩，上帝拯救人的恩典不可能因为人的原因而被阻挠，无法被人拒绝，即不可抗拒的恩典（Irresistible grace）。实际上，若加上"圣徒蒙保守"（Perseverence of the saints），完整的加尔文主义五要点就在这里显明出来。一般学界将此五要点缩写简称为郁金香（TULIP）理论。对于在罗马天主教神学院学习九年的阿莫里而言，这一套理论完全颠覆了他的神学传统，在救赎上，人的自由意志、善行毫无作为，完全是上帝预定、自主、无条件的作为。所以阿莫里提出怀疑："人自己追求被拯救，努力克服自己的低级本能"是毫无意义的吗？对于加尔文的预定论，他更是"晕了"："人生和一场大规模的抽奖有何区别？"非但如此，他和妓女薇薇安由于对加尔文有关称义和成圣的理论无法理解，导致他们理直气壮地行淫乱。在加尔文看来，人被赦罪是完全出于上帝的作为，而无论人曾经犯罪或行善如何；人被称义之后要不断追求成圣。而这两位主角则认为，既然人无论犯罪如何，上帝都会赦免，那么春心荡漾的青年男女苟合一次也未尝不可[5]。由此，他们接受了加尔文的思想，但并未真正心领神会，反而又误入歧路。

四、译文商榷

小说全文译笔流畅，虽然还有点欧风美雨的痕迹，但是不啻为一部不错的译著。但是，可能译者对基督教神学缺乏一定的知识，在若干地方明显出现错误。这里仅列出三个地方：1、第 95 页，哥白尼面见教皇（一般译为"教宗"），提及这位"圣父甚至还问他要这方面的论文"。这里的"圣父"明显指称"教宗"。在罗马天主教传统中，教宗也被称为"神圣的教父"（Holy Father），而"圣父"仅仅限于三位一体中作为父的神，即天父。2、原文中Reformer 和 reformer 实际上是存在明显区别的，前者特别指称宗教改革派，一般译为"改教家"，后者才译为"改革派"。3、原文中的 Scripture 指的是"圣经"，而译者将之译为"经典"，这明确不准确。所以，在 183 页等处，"托马斯·阿奎拉将亚里士多德引入基督教，为的是让科学与圣经取得和解"，而非译者所谓的"让科学与经典取得和解"。此外，笔者不懂法语，从网络检索获得信息知道 *lieutenant-criminel* 译为"刑事长官"恐怕比"刑法中将"更为准确。其他不少地方的译文，若直接使用通用的译法，可

---

5 同上，第 88 页。

能更加符合翻译习惯，而不必费心劳力另外翻译。举例而言，在第 189 页，马丁·路德创作的《我们的上帝是坚不可摧的堡垒》被恩格斯称为十六世纪的《马赛曲》，通常译为《坚固保障歌》；行文中的人名"奥古斯汀"一般译为"奥古斯丁"。此外，译名要前后一致，例如第 3 页的"圣芳济"要与全文通用的"圣芳济各"统一。但是瑕不掩瑜，笔者热情推荐读者们与作者和译者一起玩一次穿越，经历一次思想历险，既可以抒发怀古幽情，也可以抚今悼昔。

（延伸阅读：《宗教改革运动思潮》，阿利斯特·麦格拉思著，蔡锦图、陈佐人译，北京：中国社会科学出版社，2009 年 1 月。）

第十六章　道在瓦器：裸露的公共广场上的牧谷呼告——简评杨牧谷《从基本到超凡：论信仰与做人》

杨牧谷：《从基本到超凡：论信仰与做人》，海南：海南出版社，2009 年。

一、牧谷三栖

"牧谷呼告"？具有基督教文化常识的人乍见到这个标题的时候立即会想到"旷野呼告"的典故（参见以赛亚书 40：3；马太福音 3：1-3，1：2-5；路加福音 3：2-6；约翰福音 1：23 等）。"牧谷呼告"又出自何处呢？

"牧谷呼告"是笔者效仿旷野呼告之名，取意于杨牧谷（Arnold Yeung，1945－2002 年）一生在世界旷野上的呼告。

姑且不论"杨牧谷"是谁，这个名字乍看上去就基督教味十足——"羊""牧"（于）"谷"。在海外华人圈子中，此名并不因为其宗教取向而受到冷漠，反倒颇具声名，其影响波及到学术界、宗教界和广大社会。但是，在笔者撰写此书评的时候，我们尚未在坊间看到他的简体版著作。这的确不能不让人觉得大为遗憾。不过，这里的精选本从已逝斯人的一生著述中采集精华，在一定程度上起到了补缺的作用，可以让我们管窥到他的身份、思想和风采。

杨牧谷到底何许人也？

对他感到陌生的读者一定会迫不及待，好奇地提出这个身份问题，要探究到答案。

杨牧谷，香港人，首先是一位学者，接受过正规的大学教育，属于海归派，曾获得英国剑桥大学哲学博士学位，在香港中文大学任教神学多年，自 1987 年起全时间从事写作与神学研究，投身于基督教文字工作，一生著述等身，出版著作数量逾百，亦曾译作，录制讲道声带及录像带，当中题材涉及到的范围甚广，体现出他不仅具有广博的学识，而且对人情时事有着一颗敏感的心，其中涉猎圣经、神学、灵修、社会时事、癌症等。临终前，杨牧谷有感于艰涩的神学不易为年轻一代明白，主动与漫画工作者合作，以漫画形式诠释基督教信仰。其次，他是一位牧者，不时奔波于世界各地主领专题讲座。再次，他还是一位社会活动家，经常透过不同的信息媒体，或报章杂志，或广播电视，或互联网，根据圣经立场诠释时事，回应时代问题。2002 年临终前，他正式获委任为香港特区政府中央政策组非全职顾问。

总结起来，杨牧谷就是"积极参与社会"的"基督徒""学者"。像这样的三栖知识分子在华人世界并不多见。但是，杨牧谷最令普罗大众感动的大概不仅仅是他的学识、教牧和社会关怀，而是他以自己的身体力行见证他自己自少年时代坚定不移的信仰，并以自己的信仰在人生的各个舞台上展开战斗，为我们提供了一段"知信合一"、"知行合一"的佳话，让世人从他身上看到基督的容美。1992 年冬，杨牧谷患上鼻咽癌，一连串痛苦的治疗让他对信仰及生命作出更为深邃的反省，病愈后身体的状况并未影响到他的工作，反而令他更积极地参与病人的关怀工作，写下像《相系深深：当我所爱的人病了》[1]、《手术前的预备》[2]等如何面对疾病和痛苦的篇章，以自身泣血的苦痛经历为我们留下了抗病的一手思考。

二、牧谷呼告：破除公私二分禁忌

杨牧谷的三栖身份无疑碰到了所谓的现代性大忌：在公共生活中禁止传布宗教或以宗教为本的价值观。或者换言之，杨牧谷的三栖身份可否作为个案破除此禁忌？

二十世纪八十年代，美国的理查德·约翰·纽豪斯在其代表作《裸露的公共广场：美国的宗教和民主》（*The Naked Public Square: Religion and Democracy in America*, 1984 年）中，将上述禁忌导致的结果形象地描述为"裸露的公共广场"——宗教价值观与现实政治和公共教育割裂开来，形成两个楚汉分界的领域：无宗教的公共生活与有宗教的个人生活。这种在公共领域清洗和排斥宗教的现象成为现代性的病征之一：将完整的个人和生活划分为各自为政的领域。这种禁令已然成为一种不可逾越的绝对准则。

我们以此视角来反观我们周围的境况。在深居高等院校的基督教学术界，不少学者以纯粹学术研究为至高命令，大凡参与教会生活以及公共活动的知识分子往往会被冠以不务正业之名——事实上，的确有不少学者以在媒体上"抛头露面"为乐趣和致富之手段，但是，以此将一切公共参与抛弃在象牙塔之外，采取与社会老死不相往来的策略，这明显有失知识分子的使命和担当，而基督教学术研究若仅仅限定于书斋，高妙的玄思往往曲高和寡，难以在信仰群体中得到一丝一毫的回应，学术生命自然单薄、贫瘠。在基督教会界，神职人员大多忙于应对教会内部事情，既无暇参与社会事务，也不愿意对各种社会问题发表自己的宗教见解。成天忙于事务的职场人士更是成为文山会海、案头卷牍、衣食住行的囚徒，既难以塑造深厚的学术涵养，更遑论培育出高远的宗教情怀了。原本完整的生活世界和个人生活被分割了，

1　北京：中国广播电视出版社，2011 年。
2　香港：更新资源，2002 年。

各种角色，哪怕这些角色可能会交接在一个人身上，均画地为牢，恪守所谓的本分，对彼此的问题采取彬彬有礼的"宽容"态度。

实际上，上述禁令剥夺了人的社会责任感、个人的人格完整性、宗教价值观在公共话语和公共教育中的合法性。这也就同时意味着剥夺了持守一定宗教价值观的民众在公共话语和公共教育中的合法性，意味着代表信教人民的政治制度丧失了代表性。——公共广场上一片骚动与繁华，具有吊诡意味的是，以宽容和多元为大纛的公共世界惟独拒绝宗教声音！而更具有讽刺意味的是，基督教学术研究界和教会视之为理所当然！！

杨牧谷的三栖身份试图破除公共－私人的二分藩篱，用平白通俗的话语将基督教神学带出象牙塔，将日常生活带入基督教信仰。这种破除－疏通相结合的出入工作鼓励我们在公共话语中明确表达以宗教为本位的价值观及其实践活动，矫正公共世界中日益膨胀的单元的理性－世俗结构可能带来的诸种危险，帮助我们在真实的世俗中带着基本要道投入凡俗生活，又在凡俗生活中活出基本要道。这既是本书的标题，也是杨牧谷一生从圣经（参见约翰福音 17：13 以下）中得出的经验之谈。

三、牧谷的眼高手低

信仰总是离不开基本要道。基本要道是信仰的最精要的表达。但是，在基督教近两千年的历史上，基本要道在希腊哲学传统的帮助之下，已经发展成逻辑严密、系统完整的各种神学体系，往往让非基督徒和基督徒一头雾水——实在是高深莫测！这就需要有人以高水平的神学功底和素养作低水平的神学普及，而这种低水平并不与八卦或花边故事相关，真正的高水平者恰恰是"眼高手低"的人——他们眼界和学识高深，但是下笔朴实，文字生动活泼，让人愿意亲近，而非一副拒人以千里之外的样子。杨牧谷就属于这种人。不论在讨论信仰中的神学问题，还是谈论人生中做人的规矩上，他都用语亲切，如同一位好朋友在冬日的炉边聊聊家常，既不是不着边际的胡吹乱侃，也不是说教式的空洞讲论，而是抓住问题的核心，用你我日常使用的大白话娓娓道来，其中时常有一些片语灵光闪现，一下子击中我们的软弱之处。但是，我们痛并快乐着：痛是因为我们曾经有过错误的经历和错误的认识，快乐是因为我们有走出迷路的希望所在。

这里可以举一个例子，看看基本要道如何在杨牧谷的笔下清晰明白地显明出来的。我们常常说基督教文化是一种罪感文化。的确，与中国传统文化不同，基督教信仰的核心要道之一就是"罪"[3]。但是，我们，不论是基督徒，还是非基督徒，对罪的认识往往是错误的。就基督徒而言，新派或自由派神学用理性、旧派或保守派神学用情感去认识罪，但是，杨牧谷告诉我们，前者用人类的理性分析罪，实质上只是说明罪对人类如何不利；后者用他人的情感帮助人体验罪。这两种取向在根本上都是一种人类中心主义：要么用理性将罪客观化，要么用情感将罪主观化。人类一旦陷入自我中心主义，也就无法明白罪的事实和真相。不论我们对罪作如何的解释、体会，圣经和基督教意义上的罪与十字架密不可分：十字架让我们知道，罪是人与神的疏离，每个人都亏欠神，犯下罪，除罪的出路是相信十字架的挽回祭，相信耶稣基督的十架死亡是用无罪的生命担当起人类的罪，粉碎死亡的势力，所以，每个人惟独依靠耶稣基督并在耶稣基督里面，才有通向神人和好的道路。这就是罪的事实和真相。在该书第29页，杨牧谷用一段话讲明了这个至深的道理：

> ……离开了启示，我们只能看见毁灭性的罪的事实；只有当我们个别地来到十字架下——那唯一启示真理的地方，才看见罪的真相。罪并不只波及我的存在，也冒犯了神，但我是不能做什么的，基督就在我们还做罪人的时候为我们死，使我们能与神复和，神的公义和慈爱就顷刻间完全显明了。没有公义的慈爱是圣诞老人，不是神；同样的，没有慈爱的公义是带了黑纱的法官，也不是神；但是在十架下向上仰望，就是在神的公义与慈爱交叉点上，我才看见我罪的事实和罪的真相——神在基督身上显明的公义叫我没法逃避，我只能与基督同钉在十字架上；同时神在基督身上显明的慈爱也叫我不愿逃避，我极愿为它而活！这才叫做基督徒。[4]

杨牧谷对其他重要的神学问题，也是这样平实道来，但平实之中的道来又蕴藏着传统而深厚的神学思想。我们在阅读杨牧谷有关信仰八问的讨论，其中涉及到信仰、权能的父、福音、罪、耶稣基督、天父世界、门徒、圣经等八个基本信仰问题，以及其他主题讨论时，一定会有同样的感受。而杨牧

3　杨牧谷：《从基本到超凡：论信仰与做人》，海南：海南出版社，2009年，第27－30页。

4　同上，第29页。

谷对于日常生活中如何守住要道，或如何将要道贯彻到日常琐碎的生活中，更是有着生动有趣而合乎要道的叙述。

四、道在瓦器

的确，道在瓦器。神的话语通过人的话语显明出来，也要借助人的口传扬出去，在个人的信仰经历中活脱脱地展现出来，神甚至爱人爱到将自己的独生子赐给人，他降生、死亡、复活，其一生实实在在真真实实明明白白真真切切，让信他的人在凡俗中得超越，在超越中活在凡俗，而不论这凡俗是私人的小世界，还是公共的大世界。杨牧谷为此努力一生。**我们每个人也同样可以倒空自己，成为空空的瓦器，接纳那亘古不变的道，在道中、藉着道并为了道而活出一种崭新的生命。**

（延伸阅读：罗森：《西敏小要理问答——注解与经文根据》，赵中辉译，吕沛渊修订，台湾：改革宗出版有限公司，2009 年。"西敏小要理问答"又译为"威斯敏斯特小要理问答"。）